Björn Moschinski

VEGAN
Kochen und Backen

Björn Moschinski
VeganHeadChef

Björn Moschinski

VEGAN

Kochen und Backen

NACHHALTIG & GÜNSTIG

100 RICHTIG GUTE REZEPTE

südwest

INHALT

INHALT

LIEBE LESER:INNEN,

nach vier erfolgreichen Büchern, die ich veröffentlicht habe, ist es nun an der Zeit, mein „Best of" herauszugeben: In Form von über 100 Rezepten gebe ich einen Einblick in die Vielfalt der veganen Küche, du wirst erstaunt und positiv überrascht sein, wie bunt und lecker sie ist.

Als ich mich vor fast 30 Jahren entschieden habe, konsequent vegan zu leben, konnte ich mir in meinen kühnsten Träumen nicht ausmalen, dass eine rein pflanzliche Lebensweise nicht nur in der Gesellschaft akzeptiert wird, sondern in deren Mitte angekommen ist. Ich bin sehr stolz darauf, mit meiner Arbeit meinen Anteil dazu beizutragen und die massiven Vorurteile gegen eine rein pflanzliche Lebensweise abzubauen. Die Zugänge zu dieser Lebensweise sind recht unterschiedlich. Es gibt ökologische, ethische, moralische, gesundheitliche und gewiss auch viele logische Gründe, bewusst auf tierische Produkte zu verzichten. Dass eine rein pflanzliche Lebensweise gesund ist, wird von immer mehr Ärzt:innen und Ernährungswissenschaftler:innen bestätigt, dass sie ökologisch von Vorteil ist, kann logisch und wissenschaftlich erklärt werden und sobald wir die Ethik und Moral einbeziehen, gibt es keinen Grund mehr, diese gewaltfreie Lebensweise abzulehnen.

Gerade in der heutigen Zeit kann jede:r einzelne über das Einkaufsverhalten und die Ernährungsweise bestimmen, in welche Richtung sich die Zukunft unserer Spezies entwickelt.

Um auch in der Schule, beim Studium oder auf der Arbeit den Zugang zu gesundem und pflanzlichem Essen zu schaffen, schule ich seit 2010 die Gastronomie, Hotellerie und Gemeinschaftsverpflegung. Es müssen noch viel mehr Köche und Köchinnen den Sinn einer gesunden und rein pflanzlichen Küche verstehen und umsetzen. Die von mir entwickelten Workshops sind so erfolgreich, dass bereits viele Küchen eine rein pflanzliche Linie eingeführt haben. Natürlich werde ich auch zukünftig Kochkurse für Hobbyköche und -köchinnen anbieten. Informationen dazu finden sich auf meiner Homepage www.bjoernmoschinski.de.

Kochen ist für mich nicht nur Leidenschaft, sondern auch die Zeit, in der ich meinen Gedanken freien Lauf lassen kann. Auch verstehe ich, dass Menschen, die beruflich stark eingebunden sind oder/und familiäre Verpflichtungen haben, kaum Zeit finden, sich dem Kochen mit aller Leidenschaft und Zeit hinzugeben. Gerade euch widme ich viele meiner schnell umsetzbaren Rezepte: Sie sollen euren Alltag vereinfachen und euch mit allen Nährstoffen versorgen. Natürlich liegt mein Fokus dabei auf Gesundheit, Geschmack und Qualität.

Was ich in meinen zahlreichen Kochshows immer wiederhole, ist der generelle Umgang mit Rezepten. Ich würde mir sehr wünschen, dass ihr meine Rezepte als Inspiration nehmt und sie nach Lust, Laune und eurem Geschmack variiert. Genauso begann auch meine Karriere, denn damals gab es kaum vegane Kochbücher und erst recht kein Internet. Daher schaute ich mir viele Standardkochbücher an und suchte nach Alternativen zu den tierischen Produkten, die ich nicht mehr aß. Natürlich hat nicht alles auf Anhieb geklappt, jedoch lernte ich aus diesen Fehlern. Wichtig für mich war und ist eine frische und abwechslungsreiche Ernährung mit wenigen Cheat Days. Wenn ihr auf euren Körper hört, sagt er euch, was guttut und was nicht. Doch das Wichtigste am Kochen überhaupt: Habt Spaß und erfreut euch an den tollen Gerichten, die ihr selbst zubereitet.

Oft werde ich gefragt, ob ich die rein pflanzliche Lebensweise als Chance für die Zukunft unserer Erde sehe. Das muss ich klar verneinen, denn unsere Erde können wir Menschen nicht zerstören! Lautet die Frage aber, ob ich eine rein pflanzliche Lebensweise als Chance für unser Überleben sehe, lautet meine Antwort: Ja.

Belegte Fakten wie die enorme Wasser-, Lebensmittel- und Ressourcenverschwendung bei der Produktion von tierischen Produkten, die daraus resultierende Abholzung der Regenwälder zur Schaffung von Weide- sowie Ackerflächen für den Futtermittelanbau, die Zerstörung fruchtbaren Bodens durch exzessive und konventionelle Landwirtschaft, die Vielzahl an Krankheiten, die auf den Verzehr von tierischen Produkten zurückzuführen sind, der katastrophale Umgang mit Tieren und auch Menschen in Fleisch-, Milch-, Fisch- und Lederproduktion sowie die stetig steigende Fleischproduktion zeigen, dass die Zeit reif ist für Veränderungen. Eine rein pflanzliche Ernährung ist nicht die Lösung aller Probleme, jedoch ein riesiger Schritt in die richtige Richtung und gegen die Ausbeutung von Tier, Mensch und Natur.

Wenn ihr mich schon nicht mehr als Koch in meiner restauranteigenen Küche antreffen könnt, dann tragt mich gern in Form dieser kulinarischen Lektüre in eure eigene Küche und werdet selbst zum Star vieler veganer Dinner-Partys.

Euer Björn Moschinski

MEIN WEG

Seit ich denken kann, habe ich eine Faszination für alle Tiere. Ich hätte mich gewiss als tierlieb bezeichnet, ohne zu verstehen, dass diese Liebe eine Illusion war, solange ich noch Tiere aß. Dies wurde mir erst bewusst, als ich 1993 eine Reportage über Massentierhaltung und Tiertransporte in der Jugendzeitschrift »Bravo« las und realisierte, dass das Fleisch auf meinem Teller im direkten Zusammenhang mit dem Leid und den Qualen der Tiere stand, die ich liebte. Somit war klar, dass Fleisch für mich nicht mehr infrage kam.

Als Vegetarier machte ich mir dann oft Gedanken über meinen täglichen Konsum. Ich musste feststellen, dass ich, obwohl ich dies nicht wollte, zahlreiche Lebensmittel und auch Produkte des Alltags konsumierte, in denen offensichtlich, aber auch versteckt, tierische Rohstoffe verarbeitet waren und für die ebenfalls Tiere leiden mussten. Beispiele sind Kälberlab im Käse, die Tötung von männlichen Küken in der Eiproduktion, Massentierhaltung in der Milchindustrie, Töten für die Lederherstellung und vieles mehr. Nach einem Jahr als Vegetarier kam ich an den Punkt, an dem ich die vegetarische Lebensweise hinterfragte und mich dazu entschloss, mich nicht nur rein pflanzlich zu ernähren, sondern rein pflanzlich zu leben. Es war eine verrückte Zeit, da es 1994 wenige wissenschaftliche Erkenntnisse zu einer veganen Lebensweise gab, dafür aber unzählige Vorurteile und Behauptungen. Macht euch den Spaß und sucht im Internet nach „vegan Bullshit-Bingo", dann wisst ihr, was ich meine.

KOCHEN – MEINE LEIDENSCHAFT

Meine große Leidenschaft begann in dem Moment, in dem ich mich für die vegane Lebensweise entschied. Da meine Mutti einfach nicht mehr wusste, was sie mir zubereiten sollte, begann ich, selbst zu kochen. Dies machte mir so viel Spaß, dass daraus erst eine Leidenschaft und später meine Berufung wurde. Ich war begeistert, dass ich mit einem einzigen guten Essen mehr für die Tiere erreichen konnte als mit 1000 Worten. Dies schärfte meinen Willen, meine Koch-Skills immer mehr zu verfeinern.

Der Weg in die professionelle Küche war recht kurvenreich, denn leider kann man bis heute keine rein pflanzliche Kochausbildung absolvieren. Die Prüfungsvorgaben schreiben die Zubereitung von Fleisch-, Fisch- und Milchprodukten vor, was ich kategorisch ablehne. Also erlernte ich zunächst den Beruf des Energieelektronikers, um anschließend eine Ausbildung zum Mediendesigner mit Fachrichtung Grafik an der LAZI Akademie in Esslingen zu absolvieren. Diese Zeit war wegweisend für meinen jetzigen Werdegang. Ich wohnte in einer WG mit dem Regisseur Benjamin Eicher, der sich eines Tages über das Catering am Set beschwerte und mich daraufhin fragte, ob ich nicht Lust hätte einzuspringen. Diese Möglichkeit ließ ich mir nicht entgehen und übernahm kurzerhand die Verpflegung am Set. Daraus entstand ein kleines Catering-Unternehmen namens »Herbivore Catering«, mit dem ich fortan auf Shows, Festivals, an Filmsets und für Geschäfts- oder Privatfeiern vegan kochte.

Nach vier Jahren entschied ich mich dafür, mein Catering aufzugeben, um in die À-la-Carte-Küche zu wechseln. Mein Ziel war ein eigenes Restaurant. Meine erste Station war das vegetarische Biohotel Kurz in Bischofswiesen. In den drei Monaten vor Ort erfuhr ich viel über die Vollwertküche und die Verarbeitung frischer Kräuter und Gewürze. Die nächste Station führte mich nach München in das vegane Restaurant »Zerwirk«, wo ich unter der Leitung von Peter Ludik einen großen Teil meiner heutigen Fähig- und Fertigkeiten erlernte. In dieser Zeit hatte ich außerdem das Glück, für zwei Monate mit dem renommierten RAW-Chef Chad Sarno zu arbeiten, der mich in die hohe Kunst der Rohkostküche einführte. Ende 2008 entschloss ich mich, nach Berlin zu gehen, um hier als Chefkoch das vegane Gourmet-Restaurant »La Mano Verde« aufzubauen. Bereits acht Monate später galt das Restaurant als Geheimtipp, und ich erkochte als erster veganer Koch 1,5 Punkte im Magazin »Der Feinschmecker«: eine große Ehre für mich. Im Januar 2010 verließ ich das »La Mano Verde«, um meine eigenen Projekte zu realisieren.

In mir wuchs der Wunsch nach einem eigenen Restaurant, das ich dann auch in Berlin mit zwei Partnern eröffnete und erfolgreich betrieb. Daraus entwickelte sich ein zweites veganes Fine-Dining-Restaurant in Berlin. Bereits 2009 lernte ich Mahi Klosterhalfen von der Albert-Schweitzer-Stiftung für unsere Mitwelt

kennen und wir entwickelten ein Konzept, um noch mehr Menschen in die Berührung mit gesundem und rein pflanzlichem Essen zu bringen. Mahi schrieb alle Dax-Unternehmen sowie auch Studierendenwerke an und vermittelte Schulungen in den Betriebsrestaurants und Mensen. Ich bekam die Chance, die Köche und Köchinnen in der Zubereitung von rein pflanzlichen Gerichten zu schulen, und kochte an den Aktionstagen für deren Gäste und Gästinnen. Was sehr langsam begann, entwickelte sich mit der Zeit zu einer sehr erfolgreichen Idee, die immer mehr meiner Zeit und Kraft einnahm. Dies bekräftigte mich in meiner Entscheidung, 2015 alle Restaurants aufzugeben, um mich ganz den Schulungen zu widmen. Das Interesse an einer rein pflanzlichen Küche ist zwar sehr hoch, aber das Wissen über Rohstoffe und dem Umgang damit, die Mentalität und die Beweggründe, rein pflanzlich zu leben, ist meist sehr gering. In meinen zahlreichen Workshops vermittle ich dieses Wissen, um den Köchen und Köchinnen Werkzeuge an die Hand zu geben, die vegane Küche lecker und qualitativ hochwertig umzusetzen.

MEINE KOCH-SKILLS

REGIONAL & SAISONAL

Außerhalb der Saison unreif gepflücktes und künstlich nachgereiftes Obst und Gemüse können nie den Geschmack und die Qualität liefern, welche die Gemüse- und Obstbauern aus der Region durch kurze Lieferwege und in der Saison frisch und knackig auf die Teller der Konsumenten bringen. Ich selbst hatte das große Glück, in meiner Jugend Gemüse und Obst direkt aus dem eigenen Garten ernten zu können. Heute finde ich diese Qualität noch am ehesten bei kleinen Hofläden in meiner Region, jedoch selten in den Supermarktketten der Republik. Nutzt man das Rohstoffangebot der jeweiligen Saison, garantiert dies nicht nur die gute Qualität und Frische, sondern auch einen günstigen Preis, der zur jeweiligen Saison immer gegeben ist. Teilweise können die Rohstoffe auch direkt aus der Natur bezogen werden. Gerade im Frühling und Sommer bietet die heimische Natur so viele Köstlichkeiten!

GEWÜRZE & KRÄUTER

Eine Sache lernte ich recht schnell: Der Umgang mit Gewürzen und Kräutern sowie die Zubereitungsart sind für den Geschmack elementar. Ich bemerkte, dass nicht das Fleisch, sondern hauptsächlich die Zubereitung und Würzung den Fleischgeschmack definierten. Denn auch das beste Stück Fleisch schmeckt roh nicht. Es muss für den Verzehr z.B. zerkleinert, gewürzt, gekocht, geschmort oder gebraten werden. Mich begeisterte der Gedanke, mit rein pflanzlichen Rohstoffen Gerichte zu kreieren, die den Gerichten mit tierischen Rohstoffen in nichts nachstehen. Gerade in der Anfangszeit gelang mir dies so gut, dass Freunde und Verwandte dachten, ich äße wieder Fleisch. In diesem Moment wurde mir klar, dass dies eine sehr gute Art der Tierrechtsarbeit ist, denn warum essen Menschen heutzutage Fleisch? Nicht weil es gesund ist oder besonders stark macht, sondern weil es schmeckt und von der Gesellschaft akzeptiert ist. Ich empfehle ganz klar, sich mit Gewürzen und Kräutern auseinanderzusetzen und sie vor allem frisch zu verwenden, wenn die Jahreszeit es zulässt. Auch sind Gewürzmühlen eine lohnenswerte Anschaffung, denn nichts geht über frisch gemahlenen Pfeffer, Muskat oder Kümmel. In diesem Zusammenhang ist ein Mörser ein sinnvolles Utensil. Ich nutze diesen sehr gern, um tolle Gewürzmischungen zu kreieren, Marinaden herzustellen und Pesto sowie Dressing zuzubereiten.

BIO ODER KONVENTIONELL?

Diese Frage wird mir oft gestellt, und meine Antwort lautet immer: bio, aber mit Verstand! Für mich sind regionale und saisonale Rohstoffe in Bioqualität das Maximum an Qualität. Die Frage nach der Qualität hört bei mir nicht beim Geschmack oder den Inhaltsstoffen auf, sondern geht viel weiter. Ökologisch genutzte Böden sind im Gegensatz zu konventionell genutzten Böden lebendige, vor Kraft strotzende Mikrokosmen im Einklang mit der Natur. Ich gehe gern zum Bauer meines Vertrauens, um dort meine Grundzutaten zu kaufen, oder greife auf Produkte aus eigenem Anbau zurück. Dies garantiert mir nicht nur den größtmöglichen Geschmack, sondern auch die meisten Vitamine und Nährstoffe. Die richtigen Rohstoffe zur richtigen Zeit bringen so viel Geschmack mit, dass ein intensives Würzen meist nicht notwendig ist, sondern den Eigengeschmack dieser Naturprodukte eher überdeckt.

WARUM ALTERNATIVEN?

Eine Frage, die mir häufig gestellt wird, ist die, warum essen Veganer:innen Fleischalternativen, wenn sie kein Fleisch essen wollen. Eigentlich ist die Antwort einfach, wird aber oft missverstanden. Die Alternativen bieten dem vegan lebenden Menschen die gleichen Geschmackserlebnisse, die ein:e Mischköstler:in tagtäglich genießen kann. Kaum ein:e Veganer:in ist seit Geburt vegan und bekommt deshalb oft in den ersten Lebensjahren die charakteristischen Geschmacksmuster und auch Texturen von Lebensmitteln anerzogen. Diese Geschmacksmuster sind in unserem Gehirn gespeichert und wollen von Zeit zu Zeit befriedigt werden. Da Veganer:innen aber keine Tiere töten möchten, suchen sie nach Alternativen für Fleisch, Käse, Milch, Milchprodukte etc. Ich finde nichts Verwerfliches daran, wenn ein:e Veganer:in genussvoll in ihre Veggie-Bockwurst beißt! Nein, ich sehe eher die Chance darin, dem/der Fleischesser:in zu zeigen, dass die vegane Ernährungsweise keinen Verzicht bedeuten muss, sondern viel eher ein Zugewinn an Lebensqualität sein kann. Aus diesem Grund findest du in diesem Buch auch einige Rezepte mit Fleischersatzprodukten.

ORGANISIERT KOCHEN

Die Zeit ist für mich immer ein kostbares Gut, das gerade beim organisierten Kochen sparsam eingesetzt werden kann. Oft erlebe ich, dass Küchen nach dem Kochen einem Schlachtfeld gleichen und zeitintensiv gereinigt werden müssen. Das muss nicht sein! Ich stelle mir immer Schüsseln für meine geschnittenen Rohstoffe bereit, die ich sofort nach dem Gebrauch kurz durchspüle. Somit habe ich immer ein sauberes Brettchen, was die Verletzungsgefahr beim Schneiden verringert und die Möglichkeit zum strukturierten Kochen bietet. Auch sind Schnitttechniken und das richtige Equipment eine große Zeitersparnis. Genau aus diesem Grund gibt es auf meiner Website www.bjoernmoschinski.de einen Bereich, in dem ich mein Lieblingsequipment vorstelle.

WARENKUNDE

Zu Beginn meiner veganen Kochkarriere lernte ich sehr viele neue Produkte kennen, ohne etwas über deren Verarbeitung zu wissen. Also habe ich viel experimentiert und gelesen. Seither schätze ich die vielfältigen Einsatzmöglichkeiten. Hier ein paar wissenswerte Fakten zu einigen Produkten und rein pflanzlichen Alternativen.

AGAR-AGAR

Agar-Agar wird aus Algen gewonnen und kann als Bindemittel wie Gelatine benutzt werden. Während Gelatine aber auch kalt verarbeitet werden kann, muss Agar-Agar immer mindestens eine Minute kochen, um eine Bindung aufzubauen. Ideal für Süßspeisen, Fruchtgelees und Tortenguss.

ALBAÖL

Immer wieder werde ich nach einer guten Alternative für Butter gefragt. Wer etwas Streichfähiges fürs Brot sucht, ist mit diversen Margarinen gut bedient, aber beim Braten und Backen kommt es auf den charakteristischen Geschmack von guter Butter an. Die beste Alternative für den Geschmack bietet aus meiner Sicht das Albaöl. Dieses Rapsöl hat einen so intensiven Buttergeschmack, dass es im Verhältnis 1:3 mit neutralem Rapsöl gestreckt werden sollte. So lässt es sich auch besser dosieren. Das Öl ist ideal zum Kochen und Braten, da es hoch erhitzbar ist.

AVOCADO

Die Avocado wird aufgrund ihres hohen Fettgehalts auch als Fettfrucht bezeichnet. Ich schätze die Vielseitigkeit dieser Frucht, denn sie kann deftig in einer Guacamole oder auch süß in einer Creme verarbeitet werden. Solltet ihr mal eine harte Avocado erwischt haben, diese einfach in Zeitungspapier wickeln und/oder zwischen Äpfeln lagern, damit sie schneller nachreift.

EI-ALTERNATIVEN

Viele nicht-vegane (Back-)Rezepte beinhalten Eier, die insbesondere für die Bindung und die Konsistenz zuständig sind. In der veganen Küche können Ei-Alternativen genutzt werden. Diese bestehen meist aus bestimmten Mehlen, aber auch aus diversen Speisestärken. Ein Ei kann z. B. durch 80 Gramm Apfelmus oder ½ reife Banane ersetzt werden. Je nach Backware habe ich meine Rezepte angepasst, und wenn nicht explizit auf eine bestimmte Alternative hingewiesen wird, kann in diesem Moment jede Ei-Alternative genutzt werden. Natürlich ist ein gewisses Hintergrundwissen nötig, da eine Banane im Gebäck rausschmeckt und das Apfelmus eine angenehme fruchtige Süße hinterlässt. Da Geschmäcker bekanntlich verschieden sind, ist es für Köch:innen auch immer schwer, die Vorlieben zu treffen. Fertige Ei-Alternativen gibt es in Reformhäusern, Bioläden, veganen Supermärkten und auch im besser sortierten Einzelhandel.

KRÄUTERSEITLING

Der Pilz hat einen großen Fruchtkörper und kann deshalb dick aufgeschnitten werden. Durch seine feste Konsistenz hat er gebraten oder gegrillt und gut gewürzt einen Biss wie zartes Fleisch oder saftige Meeresfrüchte.

MEHLE

Mehl ist eine der wichtigsten Zutaten beim Backen. Um einen kleinen Einblick in die verschiedenen Mehlsorten zu bekommen, muss man wissen, wie das Mehl hergestellt und vor allem was vom Korn genutzt wird. Ein Weizenkorn besteht aus drei wesentlichen Teilen: der Schale, dem Mehlkörper und dem Keim. Am wertvollsten für die Gesundheit ist die Schale, da diese reich an Ballaststoffen und Vitamin B ist. Sie wird, wie auch der Keim, der über einen hohen Fettanteil verfügt, beim weißen Mehl (Type 405) aussortiert. Nur der Mehlkörper wird genutzt, da dieser reich an Stärke und Eiweiß ist, die wichtig für die Backeigenschaften sind. Im Moment manifestiert sich mehr und mehr das Problem von Unverträglichkeiten gegenüber Gluten (Getreidekleber oder Klebereiweiß), die sogenannte Zöliakie. Aus diesem Grund empfehle ich das für den Menschen gesündere Vollkorn, das durch den Fettanteil des Keims kürzere Lagerzeiten hat. Welches Mehl genutzt wird, liegt bei jedem selbst. Helle Backwaren und hochelastische Teige bedürfen eines hellen Auszugsmehls mit einem hohen Anteil an Weizenkleber. Für dunkle Backwaren eignen sich insbesondere Vollkornmehle, die auch einen urig-vollmundigen Geschmack besitzen.

MILCHALTERNATIVEN

In meinen Rezepten verwende ich den Begriff »Milchalternative«. Zu diesen Alternativen zähle ich Soja-, Hafer-, Dinkel-, Reis-, Kokos-, aber auch Mandeldrink. Je nach Geschmack und Vorliebe kann die jeweilige Sorte frei gewählt werden. In manchen Rezepten weise ich direkt auf eine der Sorten hin. Dies kann den Hintergrund haben, dass die Qualität des Gerichts von der Art der Milchalternative abhängig ist. Gerade wenn ich einen Pudding kochen möchte, gelingt dieser besonders gut mit Soja-, Hafer- oder auch mit Mandeldrink, aber er wird unappetitlich mit Reisdrink, da dieser einen hohen Anteil an Wasser beinhaltet und somit den Pudding glasig macht. Man kann die oben genannten Milchalternativen fast überall im Einzelhandel kaufen, aber man kann sie auch ohne Probleme selbst herstellen. Natürlich kostet dies Zeit, schont aber die Geldbörse. Um eine der oben genannten Alternativen selbst herzustellen, müssen die Rohstoffe entweder über Nacht gewässert oder sie müssen aufgekocht werden. Danach werden die Rohstoffe mit Wasser gemixt und anschließend durch ein sehr feines Sieb oder Tuch gedrückt. Es ist zu beachten, dass diese Milchalternativen gekühlt maximal 3 bis 4 Tage haltbar sind.

SALZ/SCHWARZSALZ/RAUCHSALZ

Ich bin ein Fan von Himalaja-Salz, Ursalz und gutem Meersalz. Ich achte darauf, dass mein Salz z. B. keine Rieselhilfe beinhaltet und auch kein Jod. Schwarzsalz oder auch Kala Namak genannt ist ein intensives Schwefelsalz. Da der Geschmack von Ei sehr vom Schwefel dominiert wird, eignet sich dieses Salz für alle »Eier«speisen mit dem typischen Eiergeschmack und Geruch. Rauchsalz hat es mir ernsthaft angetan. Über Buchenholz geräuchert ist dieses Salz ein Zugewinn in der veganen Küche. In einer Kartoffel- oder Erbsensuppe kommt es hervorragend zur Geltung, wie auch in deftigem Gebäck. Rauchsalz und Schwarzsalz können im Einzelhandel oder im Internet erworben werden.

JOGHURTALTERNATIVE

Wie auch bei den Milchalternativen gibt es zahlreiche Joghurtalternativen. Aus Soja, Hafer, Kokos oder Erbse weisen sie unterschiedliche Geschmäcker und Konsistenzen auf. Sojajoghurt stockt, wie z. B. Quark oder Schmand, aufgrund seines hohen Eiweißanteils bei 85 °C. Beim Kauf ist darauf zu achten, dass für deftige Gerichte eine ungesüßte Joghurtalternative gekauft wird.

SZECHUANPFEFFER

Der Pfeffer stammt aus der chinesischen Region Szechuan. Das Besondere an ihm ist, dass er neben einer sehr angenehmen Schärfe eine zitronige Tendenz hat. So schmeckt er auch wunderbar in Desserts – am besten frisch gemahlen.

TOFU

Die Konsistenz und der milde Geschmack von Tofu setzen eine gute Marinade und Verarbeitung voraus, die gelernt sein will. Ich nutze Tofu gern für traditionell asiatische Gerichte oder auch als Grundlage für Tofurührei. Wer einen authentisch japanischen Tofu sucht, findet diesen eher in gut sortierten Asialäden.

ZUCKER

Bei meinen Zutaten arbeite ich ausschließlich mit Rohrohrzucker oder Zuckeraustauschprodukten. Es besteht nicht immer die Möglichkeit, auf Agavendicksaft oder das recht kostenintensive Xylit oder Erythrit zurückzugreifen. Kokosblütenzucker verwende ich auch gerne, er wird aus dem Nektar der Kokospalme gewonnen, hat eine malzige Note und gleicht geschmacklich dem Rohrzucker.

VORRATSHALTUNG

Am besten ist es, alle Zutaten immer frisch einzukaufen. Doch mit der richtigen Lagerung halten sich auch Obst und Gemüse lange im Kühlschrank oder in der Schale und verlieren kaum Vitamine.

TROCKENE VORRÄTE

Mehl, Rohrohrzucker, Grieß, Nudeln, Reis, Hefeflocken, Stärke etc.
Diese Vorräte immer in eine verschließbare Dose umfüllen, da sich oft kleine Mehlmotten oder anderes Ungeziefer in den Verpackungen verstecken können. Auch rate ich zu einer lichtundurchlässigen Verpackung, um die Qualität und das Aroma zu schützen.

KONSERVEN

Tomatensauce, geschälte Tomaten, Mangopüree, Kichererbsen, Kokosmilch, Sauerkraut, Kidneybohnen etc.
Gerade außerhalb der Saison empfehle ich den Griff zur Konserve, da die Rohstoffe bei voller Reife geerntet und konserviert werden. Insbesondere Tomaten aus der Dose sind im Winter unschlagbar für eine geschmackvolle Suppe. Einmal angebrochen sollten die Konserven aus Dosen umgefüllt werden, da das Metall zu korrodieren beginnt.

KRÄUTER

Dill, Kresse, Estragon, Thymian, Rosmarin, Schnittlauch, Petersilie etc.
Frische Kräuter halten sich 2 bis 7 Tage länger, wenn sie in einem feuchten Küchenpapier eingerollt und in einer geschlossenen Dose im Kühlschrank gelagert werden.

GEWÜRZE

Getrockneter Thymian, Pfeffer, getrockneter Salbei, Muskatnuss, Paprikapulver, getrockneter Oregano, getrocknete Petersilie etc.
Für mich ist die Qualität von frisch geernteten Kräutern unschlagbar, aber mir ist auch bewusst, dass nicht jeder Zugang zu diesen hat. Daher empfehle ich, schonend getrocknete Kräuter in kleinen Mengen zu kaufen, da sie an Geschmack und Wirkung verlieren, je älter sie werden. Gewürze wie z. B. Pfeffer, Muskatnuss und Kümmel immer frisch mahlen oder reiben, um den vollen Geschmack zu erhalten. Manche Gewürze entfalten ein besseres Aroma, wenn man sie vor der Verwendung erwärmt oder leicht röstet.

GEMÜSE

Tomaten, Paprikaschoten, Pastinaken, Kartoffeln, Zwiebeln, Zucchini, Auberginen, Karotten, Lauch etc.
Von wenigen Ausnahmen abgesehen sollte frisches Gemüse im Gemüsefach des Kühlschranks gelagert werden. Bei Kohlrabi, Karotten und Radieschen immer das Grün entfernen, da dieses das Wasser und die Kraft aus der Knolle zieht.
Unter 8 °C: Artischocken, Blattsalate, Blumenkohl, Brokkoli, Erbsen, Knoblauch, Kohl, Rosenkohl, Rüben, Radieschen
Über 12 °C: Auberginen, Gurken, Bohnen, Kürbis, Okraschoten, Zucchini, Tomaten, Paprikaschoten
Über 12 °C und dunkel: Kartoffeln, Zwiebeln, Pastinaken, Topinambur (Wurzeln und Knollen)

OBST

Äpfel, Orangen, Ananas, Kiwis, Bananen, Blaubeeren, Mangos etc.
Vitamine sind empfindlich, sie vertragen weder Hitze noch Licht noch Sauerstoff. Die meisten der exotischen wasserhaltigen Früchte vertragen auch die Kälte des Kühlschranks nicht. Bananen werden darin braun – außer in einem Beutel gelagert –, und Zitrusfrüchte verlieren an Aroma.
Unter 8 °C: Ananas, Bananen, Granatäpfel, Guaven, Mangos, Melonen
Über 12 °C: Äpfel, Aprikosen, Beerenobst, Birnen, Feigen, Kirschen, Kiwis, Weintrauben, Pfirsiche

SALATE

Feldsalat, Endiviensalat, Chicorée, Eissalat, Radicchio etc.
Im Idealfall sind beim Kauf die Wurzel vorhanden oder aber die Schnittfläche möglichst weiß. Eine knackige Wurzel ist der Garant für absolute Frische. Salate halten sich lang im Kühlschrank, wenn sie luftdicht verschlossen und trocken gelagert werden. Nach dem Waschen den Salat vorsichtig schleudern, um das überschüssige Wasser zu entfernen, das jeden Geschmack verwässern würde. Um einen kraftlosen Salat wiederzubeleben, die gezupften Blätter für 30 Minuten in lauwarmes Wasser legen. Dadurch bekommt der Salat wieder Biss.

TIEFKÜHLPRODUKTE

Erbsen, Spinat, Mischgemüse, Spargel, Blätterteig, Obst etc.
Tiefkühlprodukte sind besser, als ihr Ruf vermuten lässt. Mit neuen Methoden werden die erntefrischen Produkte schockgefroren. Der große Vorteil dieser Methode ist, dass bei wasserhaltigen Rohstoffen keine großen Eiskristalle entstehen und somit die Struktur dieser Rohstoffe fast vollständig erhalten bleibt. Auch ist somit ein Maximum an Nährstoffen und Vitaminen gegeben.

GARMETHODEN

Gewusst, wie: Ob die Zutaten ihre Vitamine sowie ihre Mineral- und anderen Nährstoffe erhalten, hängt ganz entscheidend auch von der Art der Zubereitung ab.

BACKEN

Garen in trockener Hitze bei Temperaturen um 120 bis 250 °C. Geeignet für Teige, Aufläufe, Kartoffeln & Co. Vitaminverlust 10 bis 15 Prozent. Fettarm.

BRATEN

Garen in heißem Öl bei 140 bis 190 °C. Geeignet für Fleischalternativen, Gemüse, Kartoffeln & Co. Vitaminverlust zwischen 10 und 15 Prozent. Je nach Zubereitungsart mehr oder weniger fettreich.

FRITTIEREN

Garen im Fettbad bei 160 bis 170 °C. Geeignet für Kartoffeln, Gemüse im Teigmantel, Obst & Co. Vitaminverlust zwischen 10 und 15 Prozent. Fettreich. Vorsicht ist geboten bei stark gerösteten Kartoffelgerichten wie Bratkartoffeln und French Fries aufgrund der Acrylamid-Problematik. Hier gilt die Faustregel: »vergolden, nicht verkohlen«!

DÄMPFEN UND DÜNSTEN

Garen in Wasserdampf bei Temperaturen um 100 °C. Geeignet für knackiges Gemüse, Kartoffeln, Spargel & Co. Nährstoffschonende Zubereitung durch minimale Garflüssigkeit. Vitaminverlust bei 15 bis 25 Prozent. Fettarm bis fettfrei.

DEHYDRIEREN

Unter Dehydrieren versteht man das sanfte Entziehen von Wasser durch Wärme – eine der schonendsten Garmethoden überhaupt. Rohstoffe, die unter 42 °C gedörrt werden, behalten ihre Rohkostqualität und somit das Maximum an Nährstoffen sowie essenziellen Aminosäuren.

GARZIEHEN

Garen in Flüssigkeit bei Temperaturen unterhalb des Siedepunkts bei 75 bis 95 °C. Geeignet für Klöße und Beilagen mit Biss. 50 bis 60 Prozent Vitaminverlust. Fettarm bis fettfrei.

GRILLEN

Garen durch Strahlungs- oder Kontakthitze im Backofen oder auf dem Holzkohlen- bzw. Elektrogrill. Geeignet für Kartoffeln, Obst, Gemüse und Fleischalternativen. Vitaminverlust 10 bis 15 Prozent. Fettarm.

KOCHEN

Garen in Flüssigkeit bei Temperaturen um 100 °C. Geeignet für Gemüse in Suppen und Eintöpfen sowie das Garkochen von Reis, Kartoffeln, Teigwaren, Getreide & Co. Vitaminverlust 55 bis 65 Prozent. Fettarm bis fettfrei.

RÖSTEN

Garen im Ofen und/oder in der Pfanne bei 180 bis 200 °C. Geeignet für Fleischalternativen, Gemüse, Kartoffeln & Co. 10 bis 50 Prozent Vitaminverlust. Fettarm – mehr oder weniger, je nach Zubereitungsart.

SCHMOREN

Scharfes Anbraten und anschließendes Kochen in wenig Flüssigkeit. Geeignet für Fleischalternativen, gefülltes Gemüse, vegane Rouladen & Co. Durch das scharfe Anbraten vitamin- und nährstoffschonend. Vitaminverlust sieben bis zwölf Prozent. Fettarm.

SOUS-VIDE-GAREN

Das Sous-vide-Garen ist ein Niedrigtemperaturgarverfahren im Vakuum über mehrere Stunden bis hin zu mehreren Tagen. So lässt sich auch Gemüse ausgesprochen schonend im eigenen Saft garen.

SALAT UND CO.

SPARGEL-MELONEN-SALAT

4 PORTIONEN (VORSPEISE)

- 250 g grüner Spargel
- Meersalz
- 300 g Wassermelone
- 100 g Honigmelone
- 50 g Pumpernickel
- 1 EL Albaöl
- ¼ Bund Kerbel
- Grün von ½ Fenchelknolle
- ¼ Bund Estragon
- 2 EL Olivenöl
- 1 EL Aceto balsamico di Modena
- Szechuanpfeffer

ZUBEREITUNGSZEIT: 25 MINUTEN

ZUBEREITUNG

- Spargel waschen und die holzigen Teile der Schale entfernen. Die Spargelspitzen abschneiden und beiseitelegen. Den Rest in feine Stücke schneiden und leicht salzen. Das Fruchtfleisch aus den Melonen lösen und in Würfel schneiden. Den Pumpernickel zerbröseln, in einer beschichteten Pfanne mit Albaöl rösten und zu den Melonenwürfeln geben. Kerbel, Fenchelgrün und Estragon waschen, trockenschütteln, fein zupfen und ebenfalls zu den Melonenwürfeln geben. Spargelstücke untermischen und den Salat auf Tellern verteilen.

- Olivenöl und Balsamico-Essig in einer Schüssel verrühren und über den Salat träufeln. Den Szechuanpfeffer in der Mühle mahlen und über den Salat geben. Mit den Spargelspitzen garnieren und sofort servieren.

MEIN TIPP

- Dieser Salat ist mein Favorit im Frühsommer. An heißen Tagen sorgt er für ein geschmackliches Highlight und Abkühlung. Ich liebe Spargel und Melone – in Kombination schmecken sie noch besser. Wie? Ihr habt Spargel noch nicht roh gegessen? Dann wird es wirklich Zeit!

POWER-SALAT

4 PORTIONEN (VORSPEISE)

- 1 Salatgurke
- 2 Avocados
- 1 Peperoni
- 150 g Salatmix
- ½ Bund Koriander
- ½ Bund Minze
- ½ Bund Basilikum
- 1 EL Olivenöl
- 1 EL Arganöl
- 1 TL Hefeflocken
- Saft von 1 Limette
- 1 EL Paranüsse, grob gehackt
- 1 EL Kürbiskerne
- 1 EL Pinienkerne
- 1 EL Sesamsamen
- 1 EL Gojibeeren

ZUBEREITUNGSZEIT: 20 MINUTEN

ZUBEREITUNG

- Gurke gründlich waschen und in grobe Stifte schneiden. Avocados halbieren und entkernen. Das Fruchtfleisch mit einem Löffel aus der Schale heben und in feine Würfel schneiden. Peperoni halbieren, vom Kerngehäuse befreien und in sehr feine Streifen schneiden. Den Salatmix waschen, trockenschleudern und in mundgerechte Stücke zupfen.

- Koriander, Minze und Basilikum waschen und trockenschütteln. Die Blättchen abzupfen und mit Olivenöl, Arganöl, Hefeflocken und Limettensaft im Mörser zu einem Pesto verarbeiten.

- Paranüsse, Kürbiskerne, Pinienkerne und Sesamsamen in einer Pfanne ohne Fett anrösten. Den Salat mit Gurkenstiften, Avocadowürfeln und Peperonistreifen in eine Schüssel geben. Das Pesto darübergeben, alles gut vermischen und anschließend auf Tellern portionieren. Vor dem Servieren den Nussmix und die Gojibeeren darüberstreuen.

MEIN TIPP

- Für die Deko einfach die Hälfte der Kräuterblättchen beiseitestellen und zum Schluss über den Salat streuen. Ein Mörser ist jeden Cent wert. Ihr könnt mit ihm schnell ein Pesto machen, aber auch Gewürze und Nüsse schroten. Im Asialaden gibt es gute und preiswerte Exemplare.

BULGUR-BROKKOLI-SALAT

4 PORTIONEN (VORSPEISE)

- 4 Tassen Gemüsefond (siehe Seite 264)
- 2 Tassen feiner Bulgur
- 300 g Brokkoli
- 2 Karotten
- 80 g rote Paprika
- 80 g Salatgurke
- 40 g Lauch
- 200 g Tofu
- 1 Knoblauchzehe
- ¼ Chilischote
- ¼ Bund Petersilie
- ¼ Bund Minze
- ¼ Bund Dill
- geröstete Sesamsamen
- 30 ml kalt gepresstes Olivenöl
- Schale und Saft von 1 Bio-Limette
- Meersalz
- Pfeffer aus der Mühle
- 1 Prise Muskatnuss, frisch gerieben
- ½ TL Sumach (orientalisches Essigbaumgewürz)

**ZUBEREITUNGSZEIT:
25 MINUTEN
OHNE KOCHZEIT**

ZUBEREITUNG

- Gemüsefond aufkochen. Bulgur in eine Schüssel geben und mit dem Gemüsefond so übergießen, dass der Bulgur ganz bedeckt ist. Im Fond ca. 15 Minuten gar ziehen lassen.

- In der Zwischenzeit den Brokkoli waschen, putzen und garen. Karotten waschen, putzen und klein würfeln. Paprika, Gurke und Lauch ebenfalls waschen und putzen. Ebenso wie den Tofu und den gegarten Brokkoli klein schneiden. Knoblauch abziehen. Chilischote waschen, längs aufschneiden und entkernen. Kräuter waschen und trockenschütteln, die Blätter abzupfen. Knoblauch, Chili und Kräuter fein hacken.

- Gegarten Bulgur, Brokkoli, Karotten, Paprika, Gurke, Lauch, Tofu, Knoblauch, Chili und Kräuter in einer großen Schüssel vermengen und mit geröstetem Sesam bestreuen (siehe dazu auch Tipp). Den Bulgur-Brokkoli-Salat mit Olivenöl, Limettenschale, Limettensaft, Salz, Pfeffer, Muskat und Sumach würzen. Kurz im Kühlschrank durchziehen lassen und anschließend servieren.

MEIN TIPP

- Solltet ihr keinen gerösteten Sesam im Supermarkt finden oder parat haben, könnt ihr die Samen auch einfach kurz in einer Pfanne ohne Fett anrösten.

WILDKRÄUTER-SALAT

mit Tofustreifen im Sesammantel und Wasabi-Tahina-Dressing

4 PORTIONEN
FÜR DIE TOFUSTREIFEN:

- 200 g Tofu (natur)
- 2 EL Dinkelmehl Type 630
- 3 EL Kochcreme
- ½ TL Speisestärke
- Salz
- Pfeffer
- 50 g Sesam
- Öl zum Ausbacken

FÜR DAS DRESSING:

- 2 EL Tahina
- 1 EL Olivenöl
- 1 EL Sojadrink (ungesüßt)
- ½ TL Aceto balsamico bianco
- 1 Msp. Wasabi (nach Geschmack auch mehr)
- Salz

FÜR DEN SALAT:

- 75 g Löwenzahn
- 75 g Giersch
- 40 g Sauerampfer
- 40 g Rucola
- 40 g Spitzwegerich
- 75 g junger Spinat

ZUBEREITUNGSZEIT:
30 MINUTEN

ZUBEREITUNG

- Den Tofu aus der Packung nehmen, mit einem Küchentuch trockentupfen und anschließend in fingerdicke Streifen schneiden.

- Das Dinkelmehl in eine Schüssel geben, die Tofustreifen darin wenden und das überschüssige Mehl abklopfen. Die Sojasahne und die Stärke zu dem Mehl geben und mit einem Schneebesen zu einer leicht zähen Masse verrühren. Mit Salz und Pfeffer würzen. Die mehlierten Tofustreifen in die Masse tauchen, abtropfen lassen und anschließend im Sesam wälzen.

- Für das Dressing alle Zutaten in einer Schüssel mit einem Schneebesen aufschlagen und nach Belieben mit Salz abschmecken. Den Wasabi vorsichtig dosieren, da sich die Schärfe verspätet entfaltet.

- Den Salat gründlich waschen und mit einer Salatschleuder vorsichtig schleudern.

- Öl in einer Pfanne erhitzen und die Sesam-Tofustreifen darin goldbraun ausbacken. Den Salat in einer großen Schüssel mit dem Dressing vermischen, sofort mit den Tofustreifen auf Tellern verteilen und servieren.

MEIN TIPP

- Es gibt in jedem gut sortierten Supermarkt auch fertige Wildkräuter-Salatmischungen zu kaufen. Ich bevorzuge jedoch immer die selbst gepflückten Wildkräuter, da diese einfach frischer, nahrhafter, intensiver im Geschmack und vor allem in der Saison überall zu finden sind.

SALAT VON GRÜNEM SPARGEL

mit gerösteten Haselnüssen

4 PORTIONEN

- 600 g grüner Spargel (dünne Stangen)
- 50 g Haselnüsse (ohne Schale)
- 4 EL Albaöl
- Salz
- weißer Pfeffer
- 2 Stängel Koriander
- 2 EL Zitronensaft
- etwas Blattsalat
- 2 Radieschen

ZUBEREITUNGSZEIT: 25 MINUTEN

ZUBEREITUNG

- Den grünen Spargel unter fließendem Wasser waschen, anschließend trockentupfen und die holzigen Enden entfernen.

- Eine Pfanne ohne Öl erhitzen und die grob gehackten Haselnüsse darin anrösten und in einer Schüssel abkühlen lassen.

- Das Albaöl in die heiße Pfanne geben, den Spargel dazugeben und kurz andünsten. Mit Salz und Pfeffer würzen und anschließend etwas abkühlen lassen. Den Koriander waschen, trocknen, sehr fein hacken und zusammen mit dem Zitronensaft zum Spargel in die warme Pfanne geben. Mit Salz und Pfeffer abschmecken.

- Den Spargel auf Tellern verteilen, die Haselnüsse darüberstreuen und mit Blattsalat sowie den in feine Streifen geschnittenen Radieschen garnieren. Zum Schluss die Marinade über den Salat geben und noch lauwarm servieren.

MEIN TIPP

- Wenn ihr nicht gern Salat putzt oder die Zeit fehlt, gibt es die Möglichkeit, im Supermarkt verzehrfertigen Salat zu kaufen.

BELUGALINSEN-SALAT

mit gegrillter Zucchini

4 PORTIONEN

- 150 g Belugalinsen
- 1 Schalotte
- 2 EL Olivenöl
- 50 ml Weißwein
- 250 ml Gemüsefond
- ½ Orange
- 1 Karotte
- 2 Radieschen
- Salz
- Pfeffer
- 1 Zucchini
- Olivenöl zum Braten
- 1 Knoblauchzehe
- Zitronenpfeffer

ZUBEREITUNGSZEIT: 45 MINUTEN

ZUBEREITUNG

- Die Belugalinsen unter klarem Wasser abspülen und abtropfen lassen. Die Schalotte häuten und in feine Würfel schneiden. Einen Topf mit dem Öl erhitzen und die Schalottenwürfel darin glasig dünsten. Die Belugalinsen dazugeben, 2 Minuten anschwitzen und anschließend mit dem Weißwein ablöschen. Den Weißwein verkochen lassen. Nun den Gemüsefond nach und nach dazugeben, bis die Linsen weich sind, aber noch Biss haben. Sofort vom Herd nehmen, den Saft der Orange darüberträufeln und die Linsen auf einem Blech ausbreiten, damit sie schneller auskühlen.

- Die Karotte schälen und anschließend in feine Streifen schneiden. Die Radieschen waschen, ebenfalls in feine Streifen schneiden und mit den Karottenstreifen zu den Linsen geben. Mit Salz und Pfeffer abschmecken.

- Die Zucchini waschen und der Länge nach in Scheiben schneiden. Eine Grillpfanne mit etwas Olivenöl und dem angedrückten Knoblauch erhitzen und die Zucchini darin anbraten. Mit Salz und Zitronenpfeffer würzen und auf Tellern mit den Linsen anrichten.

MEIN TIPP

- Das Öl wird aromatisiert, wenn man die Knoblauchzehe vorsichtig andrückt und im Öl anschwitzt. So treten die ätherischen Öle aus und aromatisieren das Öl. Die Zehe darf aber unter keinen Umständen schwarz werden, da sonst das Öl bitter wird. Also rechtzeitig die Zehe entfernen und ggf. als Püree weiterverarbeiten.

FRUCHTIGER SOMMERSALAT

mit Apfel-Feigen-Dressing

4 PORTIONEN

FÜR DAS DRESSING:

- ½ Apfel
- 50 g Erdbeeren
- 3 EL Aceto balsamico bianco
- 8 EL Olivenöl
- 1 TL Senf
- 2 Feigen
- 2 Spritzer Agavendicksaft
- Salz
- Pfeffer

FÜR DEN SALAT:

- ½ Frühlingszwiebel
- 6 Tomaten
- 1 Gurke
- ¼ Wassermelone
- 200 g Erdbeeren
- 100 g Rote Johannisbeeren
- ¼ Kopf Radicchio
- ¼ Kopf Eisbergsalat

ZUBEREITUNGSZEIT:
20 MINUTEN

ZUBEREITUNG

- Für das Dressing den Apfel schälen, entkernen und in kleine Würfel schneiden. Die Erdbeeren waschen, putzen, klein schneiden und mit den restlichen Dressingzutaten in ein hohes Mixgefäß geben. Mit einem Stab- oder Standmixer alles glatt pürieren, mit Salz und Pfeffer abschmecken und nach Bedarf durch ein dünnes Haarsieb streichen.

- Die Frühlingszwiebel waschen, putzen und in feine Streifen schneiden. Anschließend das restliche Gemüse, das Obst und den Salat waschen, putzen und alles in mundgerechte Stücke schneiden. Alles in einer großen Schüssel mischen.

- Das Dressing erst kurz vor dem Servieren zum Salat geben.

MEIN TIPP

- Da Radicchio über viele Bitterstoffe verfügt, empfehle ich diesen in moderaten Mengen zu verwenden. Diese sind zwar gesund, aber nicht jedermanns Geschmack. Radicchio und Eisbergsalat müssen im Übrigen nicht gewaschen werden. Es reicht, die äußeren Blätter zu entfernen.

TOMATEN-AVOCADO-CARPACCIO

mit Mohn-Limetten-Dressing

4 PORTIONEN

- 1 EL Blaumohn
- Saft von 1 Limette
- 3 EL Olivenöl
- ½ TL Aceto balsamico bianco
- 1 TL Agavendicksaft
- Salz
- Pfeffer
- 100 g Kräutersalat (Giersch, Spinat, Brennnessel, Rucola, Spitzwegerich etc.)
- 4 große Tomaten
- 3 reife Avocados

ZUBEREITUNGSZEIT: 15 MINUTEN

ZUBEREITUNG

- Den Blaumohn mit dem Saft der Limette, Olivenöl, Balsamico und Agavendicksaft in einer Schüssel verrühren und mit Salz und Pfeffer abschmecken. Den Kräutersalat waschen und anschließend trockenschleudern oder -tupfen.

- Die Tomaten waschen, von Stielansätzen befreien und anschließend in Scheiben schneiden. Die Avocados erst kurz vor dem Servieren aufschneiden, den Kern entfernen und das Fruchtfleisch mit einem Löffel vorsichtig aus der Schale lösen. Anschließend in feine Scheiben schneiden und diese abwechselnd mit den Tomatenscheiben auf Tellern verteilen.

- Den Salat in der Mitte anrichten und das Dressing über den Salat und die Tomaten- sowie die Avocadoscheiben geben. Sofort servieren, da sonst die Avocados braun werden.

MEIN TIPP

- Avocados verfärben sich nicht dunkel, wenn sie mit Zitronen- oder Limettensaft benetzt werden. In diesem Fall wird jedoch darauf verzichtet, damit der Geschmack der Limette im Salat nicht zu intensiv ist.

ROTE-BETE-LAUCH-SALAT

mit Kapern-Senf-Dressing

4 PORTIONEN

- 3 Knollen Rote Bete
- 1 Prise Kümmel
- Salz
- 2 Stangen Lauch
- 1 TL Kapern
- 8 EL Olivenöl
- 4 EL Sojadrink (ungesüßt)
- 1 EL Senf
- 1 Msp. Cayennepfeffer

ZUBEREITUNGSZEIT:
15 MINUTEN +
50 MINUTEN BACKZEIT

ZUBEREITUNG

- Die Rote Bete mit Kümmel und Salz in Alufolie einwickeln und im auf 200 °C vorgeheizten Backofen für 50 Minuten backen. Die Rote Bete abkühlen lassen, schälen und anschließend in feine Streifen hobeln. Den Lauch längs durchschneiden, waschen und in feine Streifen schneiden.

- Für die Vinaigrette die Kapern fein hacken und mit Olivenöl, Sojadrink, Senf sowie Cayennepfeffer verrühren und mit Salz abschmecken. Rote Bete und Lauch in eine Schüssel geben und die Vinaigrette unterheben.

MEIN TIPP

- Das Backen im Ofen bewahrt die kräftige Farbe der Roten Bete und lässt sie im eigenen Saft garen.

REISSALAT

mit Sonnenblumenhackbällchen

4 PORTIONEN
FÜR DIE SONNENBLUMEN-HACKBÄLLCHEN:

- 100 g Sunflower Hack
- Salz
- Cayennepfeffer
- ¼ Knoblauchzehe
- 1 Zwiebel
- ½ Brötchen vom Vortag
- 50 ml ungesüßte Milch-alternative
- 100 g Naturtofu
- 1 TL Tomatenmark
- Rapsöl
- Senf
- Pfeffer

FÜR DEN REISSALAT:

- 150 g Langkornreis
- Salz
- 1 Paprikaschote
- 1/8 Ananas
- 2 Schalotten
- 2 EL Walnussöl
- 50 g Cashewkerne
- 2 EL Tamari-Sojasauce

ZUBEREITUNGSZEIT:
55 MINUTEN

ZUBEREITUNG

- Das trockene Sunflower Hack mit Salz, Cayennepfeffer und dem geriebenen Knoblauch in eine Schüssel geben und mit kochendem Wasser benetzen. Dazu einfach so viel kochendes Wasser in die Schüssel geben, bis sich das Granulat vollgesaugt hat.

- Die Zwiebel schälen, fein würfeln und in die Schüssel geben. Das Brötchen vom Vortag zerkleinern, mit der Milchalternative vermengen und ebenfalls hinzufügen. Den Tofu mit einem Mixer zu einer Paste zerkleinern und mit dem Sunflower Hack, den Zwiebeln, dem Brötchen, dem Tomatenmark und 3 Esslöffel Rapsöl zu einer Masse verarbeiten. Mit Cayennepfeffer, Senf, Salz und Pfeffer abschmecken und zu kleinen Bällchen formen.

- Den Reis gründlich waschen, in einem Reiskocher weichkochen und anschließend kaltstellen. Die Paprikaschote waschen, vom Kerngehäuse befreien und in feine Würfel schneiden. Die Ananas schälen und in sehr feine Würfel schneiden. Die Schalotten häuten, in feine Ringe schneiden und in einer Pfanne mit dem Walnussöl und den Cashewkernen anschwitzen. Sobald die Schalotten glasig sind, die Paprika und Ananas dazugeben, durchschwenken und vom Herd nehmen. Zum Reis geben und den Salat mit Tamari-Sojasauce abschmecken.

- In einer Pfanne Rapsöl erhitzen und bei mittlerer Temperatur die Bällchen gleichmäßig anbraten. Den Salat mit den Hackbällchen anrichten und servieren.

MEIN TIPP

- Ich empfehle das Kochen von Reis in einem Reiskocher, da dieser den Kochvorgang automatisch stoppt. Umso gründlicher der Reis vor dem Kochen gewaschen wird, desto körniger ist er später im Gericht.

LINSEN-GEMÜSE-SALAT

mit Sour Cream

4 PORTIONEN
FÜR DEN SALAT:

- 1 Zwiebel
- 1 Karotte
- ½ Paprika
- 2 Stangen Sellerie
- Olivenöl zum Braten
- Salz
- Pfeffer
- 100 g braune Linsen
- ½ Stängel Liebstöckel
- 2 Zweige Thymian
- 175 ml Gemüsefond (siehe Seite 264)
- Aceto balsamico bianco
- Zucker
- 4 Blätter Radicchio

FÜR DIE SOUR CREAM:

- ¼ Knoblauchzehe
- 1 Zwiebel
- 400 g ungesüßte Quarkalternative
- 1 EL Aceto balsamico bianco
- Salz
- Pfeffer

ZUBEREITUNGSZEIT:
45 MINUTEN

ZUBEREITUNG

- Zwiebel und Karotte schälen, Paprika und Sellerie waschen und putzen, anschließend alles in feine Würfel schneiden. Etwas Olivenöl in einer Pfanne erhitzen und die Karotten-, Sellerie- und Zwiebelwürfel darin 5 Minuten bei mittlerer Temperatur dünsten. Mit Salz und Pfeffer würzen. Die Linsen sowie Liebstöckel und Thymian dazugeben und alles weitere 3 Minuten dünsten. Mit Gemüsefond aufgießen und zum Kochen bringen. Garen, bis die Linsen bissfest sind, und anschließend kaltstellen.

- Für die Sour Cream den Knoblauch reiben, die Zwiebel schälen, sehr fein würfeln und zusammen in die Quarkalternative rühren. Mit den restlichen Zutaten abschmecken.

- Die kalten Linsen mit Salz, Pfeffer, Essig und ggf. Zucker abschmecken und anschließend mit den Paprikawürfeln vermischen.

- Den Radicchio in feine Streifen schneiden und gemeinsam mit den Linsen auf Tellern anrichten. Die Sour Cream dazu reichen.

COUSCOUS-SALAT

4 PORTIONEN

- 300 g Couscous
- 400 ml Gemüsefond (siehe Seite 264)
- 1 Zwiebel
- 1 Karotte
- 2 Tomaten
- 1 Zucchini
- 1 Paprika
- 2 Frühlingszwiebeln
- 8 EL Olivenöl
- 1 TL Thymian
- 1 TL Salbei
- ½ TL Cumin (Kreuzkümmel)
- Salz
- Pfeffer
- 1 Bund Petersilie
- Saft von ¼ Limette

ZUBEREITUNGSZEIT: 45 MINUTEN

ZUBEREITUNG

- Den Couscous in eine Schüssel geben. Den Gemüsefond zum Kochen bringen und den Couscous damit übergießen. Den Couscous kurz durchrühren und für 30 Minuten zum Quellen beiseitestellen. In der Zwischenzeit das Gemüse putzen, wenn nötig schälen und in 1 Zentimeter große Würfel bzw. Stücke schneiden.

- Die Hälfte des Olivenöls in einer Pfanne leicht erhitzen und darin die Zwiebel- und Karottenwürfel anschwitzen. Nach und nach die Tomaten, Zucchini, Paprika und Frühlingszwiebeln in die Pfanne geben und so lange dünsten, bis das Gemüse gar ist, aber noch Biss hat. Mit Thymian, Salbei, Cumin, Salz und Pfeffer würzen und vom Herd nehmen.

- Den Couscous mit dem restlichen Olivenöl beträufeln und vorsichtig mit einem Löffel auflockern. Die Petersilie waschen, hacken und mit dem warmen Gemüse unter den aufgelockerten Couscous mischen. Mit Salz, Pfeffer und Limettensaft abschmecken.

MEIN TIPP

- Dieser Couscous-Salat passt hervorragend zu deftigen Grillgerichten und sollte bei keinem BBQ fehlen.

Feurig-frischer KRAUTSALAT

4 PORTIONEN

- ½ Kopf Weißkraut
- 500 g Karotten
- 2 Zwiebeln
- 15 g Chilischoten
- 1 Zitrone
- 6 EL Olivenöl
- Salz
- Pfeffer
- ½ Bund Dill
- ½ Bund Petersilie

ZUBEREITUNGSZEIT: 35 MINUTEN

ZUBEREITUNG

- Das Weißkraut von den äußeren Blättern befreien, den Strunk entfernen und das Kraut mit einem Messer oder Gemüsehobel in feine Streifen schneiden. Die Karotten und die Zwiebeln schälen und ebenfalls in feine Streifen schneiden. Die Chili entkernen und sehr fein hacken. Alles zusammen in eine große Schüssel geben.

- Die Zitrone halbieren, den Zitronensaft auspressen und mit dem Olivenöl zum Salat geben. Den Salat gut vermischen und mit etwas Salz und Pfeffer würzen. Zum Schluss die Kräuter hacken und vor dem Servieren unter den Salat mischen.

MEIN TIPP

- Dieser Salat ist ein Highlight für jeden Sommertag. Er ist frisch mit einer feurigen Note. Wer es gern schärfer mag, kann die Chili mit den Kernen in den Salat geben.

»GEFLÜGEL«SALAT

4 PORTIONEN

- 60 g Sunflower Chunks
- Salz
- ½ Blatt- oder Pflücksalat
- 40 g Zwiebeln
- 40 g Champignons
- 2 EL Öl
- Cayennepfeffer
- Pfeffer
- Öl zum Braten
- 40 g Spargel
- 100 g Mayonnaise (siehe Seite 265)
- 40 g Mandarinen

ZUBEREITUNGSZEIT: 55 MINUTEN

ZUBEREITUNG

- Die Sunflower Chunks mit kochendem Salzwasser übergießen und 30 Minuten quellen lassen. Währenddessen den Salat waschen, die Salatblätter abzupfen und trockenschleudern. Die Zwiebeln schälen und in kleine Würfel schneiden. Die Champignons putzen (nicht waschen) und in Scheiben schneiden.

- Das Öl mit Cayennepfeffer, Salz und Pfeffer mischen. Chunks abgießen, ausdrücken und mit dem gewürzten Öl vermischen. Danach in einer Pfanne mit den Zwiebelwürfeln und Champignons in etwas Öl leicht anbraten, bis die Chunks leicht braun werden. Anschließend zur Seite stellen und abkühlen lassen.

- Wer frischen oder tiefgefrorenen Spargel nehmen möchte, bereitet diesen in der Zwischenzeit zu: frischen Spargel schälen, dabei die Spitze auslassen. Das holzige Ende entfernen, den Rest in Stücke schneiden und in Salzwasser bissfest garen. Tiefgefrorene Spargelstücke sind schneller vorbereitet, sie müssen nur in Salzwasser gegart werden. Nach dem Kochen die Spargelstücke abgießen und vor der Verwendung abkühlen lassen.

- Die Mayonnaise zubereiten, mit allen vorbereiteten Zutaten und den Mandarinen mischen, mit Salz und Pfeffer abschmecken. Auf den Salatblättern anrichten.

MEIN TIPP

- Die Spargelsaison beginnt Anfang/Mitte April und endet Ende Juni (Johannistag). Während des restlichen Jahres ist Tiefkühlware eine gute Alternative. Spargel aus der Dose oder dem Glas hat dagegen einen ganz anderen Geschmack sowie eine sehr weiche Konsistenz und ist damit nicht jedermanns Sache.

»EIER«SALAT

6 PORTIONEN

- 75 g Fusilli
- Salz
- 80 g Kichererbsen (gekocht, aus der Dose)
- 110 g Mayonnaise (siehe Seite 265)
- 1 Msp. Kurkuma
- 100 g Gewürzgurken
- Kala Namak
- mittelscharfer Senf
- Pfeffer
- ½ Bund Schnittlauch

ZUBEREITUNGSZEIT: 35 MINUTEN

ZUBEREITUNG

- Die Nudeln in Salzwasser in 20-25 Minuten weich (zer-) kochen, mit kaltem Wasser abschrecken und anschließend klein hacken.
- Die Kichererbsen zusammen mit der Mayonnaise und der Kurkuma in einem Standmixer fein pürieren. Die Gurken sehr fein hacken und alle Zutaten in eine Schüssel geben. Abschließend mit Kala Namak, Senf und Pfeffer abschmecken.
- Den Schnittlauch in kleine Röllchen schneiden und unter den Salat mischen.

MEIN TIPP

- Kala Namak ist ein Salz aus der indischen Küche, welches einen intensiven Schwefelgeschmack hat und somit original nach Ei schmeckt.
- Besonders lecker dazu – wie auch zum Original – schmeckt dunkles Vollkornbrot, aber auch Pumpernickel.

VORAB UND ZWISCHENDURCH

HEFESCHNECKEN
mit Grillgemüse

FÜR 8–9 SCHNECKEN

- 500 g herzhafter Hefeteig (Zubereitung siehe Seite 253)
- ½ Zucchini
- ½ Fenchelknolle
- 2 Karotten
- 1 Zwiebel
- 1 EL Rapsöl
- Salz
- Pfeffer
- 2 TL frischer Oregano
- 1 TL frischer Thymian
- Mehl für die Arbeitsfläche

ZUBEREITUNGSZEIT:
35 MINUTEN + 70 MINUTEN RUHE- UND BACKZEIT

ZUBEREITUNG

- Den Teig nach Anleitung zubereiten und gehen lassen.

- In der Zwischenzeit Zucchini, Fenchel und Karotten waschen und putzen und mit einem Gemüsehobel in sehr dünne Scheiben oder besser Stifte schneiden. Die Zwiebel abziehen, halbieren und in feine Streifen schneiden. Das Öl in einer Pfanne erhitzen, das Gemüse darin kurz 2 Minuten anschwitzen und kräftig mit Salz und Pfeffer würzen. Das Gemüse von der Flamme nehmen, am besten in eine Schüssel geben, um den Garprozess zu unterbrechen, und anschließend die fein gehackten Kräuter unterheben.

- Eine Springform (ø 20 cm) einfetten. Den Teig auf einer bemehlten Fläche dünn ausrollen. Das abgekühlte Gemüse darauf verteilen und dabei möglichst keinen Rand lassen. Den Teig vorsichtig aufrollen und in ca. 3 Zentimeter breite Schnecken schneiden. Diese dann eng in der Springform anordnen, an einem warmen Ort 30 Minuten gehen lassen.

- Anschließend im vorgeheizten Umluftofen bei 170 °C auf mittlerer Schiene für 40 bis 50 Minuten backen. Gegebenenfalls die Form nach 30 Minuten abdecken, damit der Teig nicht verbrennt.

ZUCCHINIKUCHEN
im Glas

FÜR CA. 6 GLÄSER À 230 ML

- 650 g herzhafter Rührteig (Zubereitung siehe Seite 257)
- 120 g Zucchini
- 1 Prise Salz
- ½ TL Thymian
- 1 Prise Cayennepfeffer

ZUBEREITUNGSZEIT: 15 MINUTEN + 30 MINUTEN BACKZEIT

ZUBEREITUNG

- Den Rührteig nach Anleitung zubereiten. Die Zucchini waschen, putzen und anschließend in kleine Stifte schneiden oder grob raspeln. Die Zucchini mit dem Salz würzen und 10 Minuten entwässern lassen. Dann die Zucchini ausdrücken und mit Thymian und Cayennepfeffer gewürzt unter den Teig heben.

- Den Teig in die Gläser füllen, bis diese zu ⅔ voll sind. Bei 170 °C für 25 bis 30 Minuten im vorgeheizten Umluftofen backen, bis der Teig schön goldbraun ist.

MEIN TIPP

- Wenn die Kuchen gestürzt werden sollen, dann gerade Gläser verwenden und diese vorher einfetten oder auf Silikonbackformen zurückgreifen.

BLÄTTERTEIGSTANGEN

mit herzhaften Füllungen

FÜR DIE MEDITERRAN-FÜLLUNG:

- 2 EL getrocknete Tomaten in Öl
- 2 EL Oliven, entsteint
- 1 TL Kapern
- 1 TL Pinienkerne

FÜR DIE GREEN-GARLIC-FÜLLUNG:

- 30 g gehobelte Mandeln
- ½ Schalotte
- ½ Knoblauchzehe
- 1 EL Öl
- 100 g frischer Spinat
- 1 Prise Muskatnuss, frisch gemahlen
- Salz
- Pfeffer

FÜR DEN TEIG:

- 400 g Blätterteig, zimmerwarm
- 2 EL Albaöl

ZUBEREITUNGSZEIT: 35 MINUTEN + 12 MINUTEN BACKZEIT

ZUBEREITUNG MEDITERRANFÜLLUNG:

- Die Tomaten in feine Streifen, die Oliven in Scheiben schneiden und die Kapern und Pinienkerne fein hacken. Zutaten in einer Schüssel vermischen.

GREEN-GARLIC-FÜLLUNG:

- Umluftbackofen auf 175°C vorheizen und die Mandeln auf einem Blech für 7 Minuten rösten. In der Zwischenzeit die Schalotte abziehen, in Ringe schneiden, Knoblauch abziehen, hacken und beides mit dem Öl in einer heißen Pfanne anschwitzen. Anschließend den geputzten und in Streifen geschnittenen Spinat dazugeben und mitdünsten. Mit Muskat, Salz und Pfeffer abschmecken, die Mandeln dazugeben und abkühlen lassen.

- Den Blätterteig ausrollen und in ca. 7 Zentimeter breite Streifen schneiden. Danach jede Füllung der Länge nach auf die Hälften der Streifen geben und diese anschließend zu der anderen Seite einrollen. Die Stangen mit Öl bepinseln und bei 175 °C ca. 12 Minuten im Ofen backen, bis sie goldgelb sind.

MEIN TIPP

- Ich empfehle den Blätterteig 15 bis 20 Minuten vor der Verarbeitung aus dem Kühlschrank zu nehmen und bei Zimmertemperatur erwärmen zu lassen.

»KÄSE«-Brot

FÜR 1 BROTLAIB

- 125 g Margarine, zimmerwarm
- 2 Knoblauchzehen
- 1 TL Salz
- 1 Laib Land- oder Mischbrot
- 300 g veganer Schmelzkäse

**ZUBEREITUNGSZEIT:
20 MINUTEN +
35-40 BACKZEIT**

ZUBEREITUNG

- Die Margarine in kleine Stücke schneiden und in einer Küchenmaschine mit dem Schneebesen aufschlagen. Den Knoblauch abziehen und reiben. Knoblauch mit dem Salz in die Rührschüssel geben und mischen.

- Das Brot längs und quer tief einschneiden (nicht durchschneiden). Jeden zweiten Einschnitt mit der Knoblauchmargarine und dem Käse füllen und das Brot anschließend in Alufolie einschlagen.

- Den Umluftofen auf 180 °C vorwärmen und das Brot auf mittlerer Schiene für 35 bis 40 Minuten backen.

BRUSCHETTA
italiana

2 PORTIONEN

- 3 EL Olivenöl
- 4 Scheiben Ciabatta
- 3 Tomaten
- 1 rote Zwiebel
- Saft und Zesten von ½ Bio-Limette
- Aceto balsamico di Modena
- Meersalz
- Pfeffer aus der Mühle
- ½ Bund Basilikum
- 50 g Rucola
- 1 Knoblauchzehe

ZUBEREITUNGSZEIT: 20 MINUTEN

ZUBEREITUNG

- Den Umluftbackofen auf 170 °C vorheizen. Das Olivenöl auf einen flachen Teller geben, die Ciabattascheiben mit einer Seite eintauchen und mit dieser Seite nach oben auf einen Gitterrost legen. Etwa 5 Minuten bzw. goldbraun im Ofen backen und anschließend abkühlen lassen.

- In der Zwischenzeit die Tomaten waschen, halbieren, vom Stielansatz befreien und in feine Würfel schneiden. Zwiebel abziehen und ebenfalls in feine Würfel schneiden. Zu den Tomaten geben. Mit Limettensaft und -zesten, Balsamico-Essig sowie Salz und Pfeffer würzen.

- Basilikum und Rucola waschen und trockenschleudern. Die Basilikumblätter abzupfen und mit dem Rucola in grobe Stücke reißen. Beides kurz vor dem Servieren unter die Tomatenmischung heben.

- Knoblauch abziehen und halbieren. Die gerösteten Ciabattascheiben damit einreiben und die Tomatenmischung auf dem Brot verteilen.

MEIN TIPP

- Leicht und lecker passt Bruschetta zur Sommerzeit. Die Qualität der Tomaten ist ausschlaggebend für dieses Gericht. Der Geruch reifer Tomaten ist besonders intensiv.

NACHOS
mit Avocadodip

2 PORTIONEN

- 1 Avocado (ready to eat)
- ½ rote Zwiebel
- 1 Romatomate
- ¼ Knoblauchzehe
- 1 Stängel Petersilie
- 1 TL Limettensaft, frisch gepresst
- Meersalz
- Szechuanpfeffer
- 100 g Nachos

ZUBEREITUNGSZEIT:
10 MINUTEN

ZUBEREITUNG

- Avocado halbieren, entkernen und in der Schale mehrfach einschneiden. Das Fruchtfleisch mit einem Löffel herauslösen und in eine Schüssel geben. Zwiebel abziehen, Tomate waschen. Zwiebel in feine, Tomate in grobe Würfel schneiden und anschließend unter die Avocadowürfel heben.

- Knoblauch abziehen und nach Bedarf mit der Reibe reiben. Petersilie waschen, trockenschütteln und klein hacken. Zusammen mit Knoblauch und Limettensaft unter die Avocadomischung heben. Mit Salz und Szechuanpfeffer abschmecken.

- Die Nachos in eine Schüssel geben und den Avocadodip dazu servieren.

MEIN TIPP

- Tortillachips bekommt man in jedem Supermarkt. Sie sind ein toller Snack für zwischendurch und als Mais-Tortillachips glutenfrei. Ich empfehle immer gern die Sorte »Natural«, da diese in der Regel eine kurze Zutatenliste hat. Wer es scharf mag, kann den Dip mit Jalapeño-Sauce schärfen oder die Tortillachips mit Chili kaufen.

Frische SOMMERROLLEN

4 PORTIONEN

- 20 g Erdnusskerne
- 100 g Tofu
- 1 EL Öl zum Braten
- 1 Messerspitze gemahlene Kurkuma
- Meersalz
- Pfeffer aus der Mühle
- 50 g Glasnudeln
- 1 Stängel Thai-Basilikum
- 1 Stängel Kerbel
- 1 Stängel Minze
- 8 Blatt Reispapier
- 40 ml süßsaure Sauce

ZUBEREITUNGSZEIT: 25 MINUTEN

ZUBEREITUNG

- Die Erdnusskerne in einer Pfanne ohne Fett leicht rösten und anschließend grob hacken. Tofu trockentupfen und in sehr feine Würfel schneiden. Das Öl in einer Pfanne erhitzen und die Tofuwürfel darin kross anbraten. Mit Kurkuma, Salz und Pfeffer würzen.

- Die Glasnudeln nach Packungsanweisung in kochendem Salzwasser garen und danach sofort mit kaltem Wasser abschrecken. Basilikum, Kerbel und Minze waschen und trockenschleudern. Die Blätter von den Stängeln zupfen.

- Das Reispapier in einer Schüssel mit lauwarmem Wasser einweichen, herausnehmen und die vorbereiteten Zutaten längs darauf verteilen. Einrollen und mit der süßsauren Sauce servieren.

MEIN TIPP

- Eine große Auswahl an Reispapier gibt es in Asia-Supermärkten. Das richtige zu finden ist da nicht immer leicht, jedoch wurde ich bis jetzt immer gut vor Ort beraten. Ich verwende gern dünnes Reispapier, da dieses schneller zu verarbeiten ist und den Inhalt in den Vordergrund stellt.

Cayenne-Vanille-
POPCORN

2 PORTIONEN

- ¼ Vanilleschote
- 50 ml ultrahoch erhitzbares Bratöl
- 140 g Popcornmais
- 15 g Margarine
- 70 g Rohrohrzucker
- 1 Prise Meersalz
- 1 Prise Szechuanpfeffer
- 1 g Sumach (orientalisches Essigbaumgewürz)

ZUBEREITUNGSZEIT: 15 MINUTEN

ZUBEREITUNG

- Die Vanilleschote längs aufschlitzen. Das Bratöl in einen Topf geben und bei mittelstarker Hitze auf 180°C erwärmen. Ein Maiskorn zum Test hineingeben: Platzt es auf, kann es losgehen. Die restlichen Maiskörner mit der Vanilleschote in den Topf geben und den Deckel auflegen. Den Topf immer wieder leicht schwenken, bis das Popcorn aufzuplatzen beginnt.

- Sobald kein Popcorn mehr aufplatzt, Topf vom Herd nehmen. Das Popcorn in eine große Schüssel füllen und die Vanilleschote entfernen. Margarine in einem Topf zerlassen. Zucker und Salz dazugeben und so lange erhitzen, bis der Zucker zu schmelzen beginnt. Den Szechuanpfeffer, Sumach sowie das Popcorn hinzufügen und alles gut vermischen. Sofort servieren, solange das Popcorn noch warm ist!

MEIN TIPP

- Ich empfehle ein Infrarot-Küchenthermometer für die Temperaturkontrolle des Öles. Denn Öl verändert den Charakter und Geschmack, wenn es zu heiß erhitzt wird. Dies hat ganz klar keine positive Auswirkung auf den Geschmack und die Gesundheit.

- Sumach ist ein Gewürz welches viel in der orientalischen Küche Verwendung findet. Es hat einen leicht säuerlichen bis fruchtig-frischen Geschmack und kann als Alternative zu Zitrone und/oder Essig genutzt werden.

GEMÜSECHIPS

2 PORTIONEN

- 400 g Gemüse nach Wahl, z. B. Kartoffeln, Karotten, Pastinaken, Mangold oder Grünkohl
- Olivenöl
- Meersalz oder Bergkristallsalz
- Gewürze nach Wahl, z. B. Paprikapulver, Cayennepfeffer, Pfeffer aus der Mühle
- gewaschene und gehackte Kräuter nach Wahl, z. B. Rosmarin, Thymian, Bohnenkraut

ZUBEREITUNGSZEIT: 20 MINUTEN + 30 MINUTEN BACKZEIT

ZUBEREITUNG

- Das Gemüse waschen, putzen und gegebenenfalls schälen. Mit einem Gemüsehobel in dünne Scheiben schneiden oder in mundgerechte Stücke zupfen.

- Etwas Olivenöl mit Salz und anderen Gewürzen und/oder Kräutern über die Gemüsechips geben und gut vermengen. Die Chips gleichmäßig auf einem mit einer Silikonbackmatte belegten Blech verteilen oder alternativ je nach Anweisung (bis 42 °C Rohkost) im Dörrgerät zubereiten. Bei 135 °C etwa 30 Minuten im vorgeheizten Umluftofen backen. Den Ofen zwischendurch immer wieder öffnen, damit der Wasserdampf entweichen kann.

GREEN-ENERGY-Smoothie

5 PORTIONEN ZU 100 ML

- 1½ Orangen
- 1 Kiwi
- 1 Banane (für die Süße und Cremigkeit)
- 75 g Spinat
- 1 EL Minzeblättchen
- 1 TL Ingwerwurzel, frisch gerieben
- 1 TL Arganöl
- 150 ml Wasser oder Eiswürfel

ZUBEREITUNGSZEIT: 5 MINUTEN

ZUBEREITUNG

- Orangen, Kiwi und Banane schälen und in Würfel schneiden. Spinat verlesen, waschen und abtropfen lassen.
- Das Obst mit Spinat, Minzeblättchen, Ingwer, Öl und Wasser oder Eiswürfeln in einen Standmixer geben und gut durchpürieren.

MEIN TIPP

- Dieser Smoothie strotzt geradezu vor Wirk- und Nährstoffen! Durch den hohen Vitamin-C-Anteil schenkt er dem Körper neue Energie; außerdem versorgt er den Körper mit Folsäure und regt die Eisenaufnahme an.

MISS-COCO-Smoothie

5 PORTIONEN ZU 100 ML

- 2 Orangen
- 1 Birne
- 75 g Ananas
- 1 TL Traubenkernöl
- 100 ml Kokosmilch

ZUBEREITUNGSZEIT: 5 MINUTEN

ZUBEREITUNG

- Orange und Birne schälen. Birne vom Kerngehäuse befreien und mit der Orange in grobe Stücke schneiden. Mit Ananas, Traubenkernöl, Kokosmilch und 125 Milliliter Wasser in einen Standmixer geben und gut durchpürieren.

LEINSAMEN-ERDBEER-
Smoothie

5 PORTIONEN ZU 100 ML

- 350 g Erdbeeren
- 1 Zitrone
- 50 g Rote Bete
- 2 EL Leinsamen
- 1 Messerspitze Vanillemark
- Agavendicksaft nach Geschmack

ZUBEREITUNGSZEIT:
5 MINUTEN

ZUBEREITUNG

- Erdbeeren waschen, putzen und grob zerkleinern. Zitrone auspressen. Rote Bete schälen und in grobe Würfel schneiden. Dazu am besten Einmalhandschuhe anziehen, da das Gemüse stark färbt.

- Erdbeeren, Zitronensaft, Rote Bete, Leinsamen und Vanillemark mit 150 Milliliter Wasser (oder Eis) in einen Standmixer geben und gut durchpürieren. Wem der Smoothie noch nicht süß genug ist, mit Agavendicksaft nachsüßen.

PIKANTER TOMATEN-
Smoothie mit Granatapfel

5 PORTIONEN ZU 100 ML

- 1 EL Chiasamen
- 275 g Tomaten
- 40 g Alfalfasprossen
- 75 g Granatapfelkerne
- ½ Messerspitze Meersalz
- 1 Prise Pfeffer aus der Mühle
- 1 EL Olivenöl (nativ extra vergine)

ZUBEREITUNGSZEIT:
5 MINUTEN

ZUBEREITUNG

- Die Chiasamen mit etwas Wasser bedecken und für 15 Minuten oder am besten über Nacht einweichen.

- Tomaten waschen und grob zerkleinern. Alfalfasprossen ebenfalls waschen. Tomaten, Alfalfasprossen, Chiasamen samt Einweichwasser, Granatapfelkerne, Meersalz, Pfeffer und Olivenöl mit 125 Milliliter Wasser in einen Standmixer geben und gut durchpürieren.

ANANAS-KOKOS-SHAKE

mit Koriander und Chili

4 PORTIONEN

- ½ Bund Koriandergrün
- 400 ml Kokosmilch
- 400 ml Ananassaft
- 1 EL Kokosblütenzucker
- 1 Prise Meersalz
- 1 TL Zitronensaft, frisch gepresst
- 1 Prise Chiliflocken
- 3–4 Eiswürfel

ZUBEREITUNGSZEIT: 5 MINUTEN

ZUBEREITUNG

- Koriander waschen und trockenschütteln. Die Blätter abzupfen. Die restlichen Zutaten – bis auf die Chiliflocken – mit den Eiswürfeln in einen Mixer geben und auf höchster Stufe zu einem köstlichen Shake mixen.
- Auf Gläser verteilen und mit Koriandergrün und Chiliflocken garniert servieren.

HASELNUSS-SHAKE

mit Kokosblütenzucker

4 PORTIONEN

- 2 EL Haselnussmus
- 1 TL Kakaopulver
- 700 ml Haselnussdrink
- 1 EL Kokosblütenzucker
- je 1 Prise Meersalz + Zimtpulver
- 1 EL gehobelte Haselnusskerne
- 3–4 Eiswürfel

ZUBEREITUNGSZEIT: 5 MINUTEN

ZUBEREITUNG

- Alle Zutaten – bis auf den Zimt und die gehobelten Haselnusskerne – mit den Eiswürfeln in einen Mixer geben und auf höchster Stufe zu einem köstlichen Shake mixen.
- Auf Gläser verteilen, mit gemahlenem Zimt und gehobelten Haselnüssen bestreuen und sofort servieren.

HEIDELBEER-MANDEL-Shake

4 PORTIONEN

- 500 g Heidelbeeren (frisch oder TK)
- 500 ml Mandeldrink
- 1 EL Agavendicksaft
- 3–4 Eiswürfel (bei TK-Beeren etwas Wasser nehmen)
- 2 EL gehobelte Mandeln

ZUBEREITUNGSZEIT:
5 MINUTEN

ZUBEREITUNG

- Eine Schüssel mit Wasser füllen und die Heidelbeeren vorsichtig darin waschen. Aus dem Wasser heben und auf Küchenpapier abtropfen lassen. Tiefgekühlte Heidelbeeren auftauen lassen.
- Die Beeren mit Mandeldrink und Agavendicksaft sowie den Eiswürfeln in einen Mixer geben und auf höchster Stufe zu einem köstlichen Shake mixen.
- Auf Gläser verteilen, mit den gehobelten Mandeln bestreuen und sofort servieren.

PAPAYA-KAROTTEN-Shake

4 PORTIONEN

- 200 g Karotten
- 1 kleine Papaya, ca. 350 g
- Saft von ½ Limette
- 2 EL Agavendicksaft
- 150 ml Milchalternative Vanille
- 150 ml Kochcreme
- 1 EL getrocknete Cranberrys
- 1 EL Kürbiskerne

ZUBEREITUNGSZEIT:
5 MINUTEN

ZUBEREITUNG

- Karotten waschen, putzen und schälen. Papaya waschen, schälen, vierteln und entkernen. Beides auf der mittleren Stufe der Reibe zerkleinern und mit Limettensaft, Agavendicksaft, Milchalternative und Kochcreme vermengen.
- Auf Gläser verteilen, mit Cranberrys und Kürbiskernen garnieren und servieren.

BLÄTTERTEIGSCHNECKEN
mit Tofu und Zwiebeln

4 PORTIONEN

- 1 Pck. frischer Blätterteig
- ½ Bund Petersilie
- 3 rote Zwiebeln
- 100 g Räuchertofu
- 20 ml Rapsöl
- 200 g Quarkalternative
- Meersalz
- Pfeffer aus der Mühle
- Muskatnuss, frisch gerieben
- Mehl für die Arbeitsfläche

ZUBEREITUNGSZEIT:
CA. 20 MINUTEN +
20 MINUTEN KÜHLZEIT +
15 MINUTEN BACKZEIT

ZUBEREITUNG

- Den Blätterteig mindestens 30 Minuten vor der Verarbeitung aus dem Kühlschrank nehmen.

- Petersilie waschen und trockenschütteln. Die Blätter abzupfen und hacken. Zwiebeln abziehen und in Streifen schneiden. Tofu ebenfalls in Streifen schneiden. Das Rapsöl in einer Pfanne erhitzen und Zwiebeln sowie Tofu darin anbraten, bis sie leicht Farbe bekommen. Vom Herd nehmen, abkühlen lassen und mit Petersilie und Quarkalternative vermischen. Kräftig salzen und mit Pfeffer sowie Muskat würzen.

- Den Umluftbackofen auf 190 °C vorheizen. Den Blätterteig auf der bemehlten Arbeitsfläche etwas ausrollen und die Tofu-Zwiebel-Mischung darauf verteilen. Den Teig vorsichtig von der langen Seite her einrollen und in 3 bis 5 Millimeter dicke Scheibchen schneiden und diese auf ein mit einer Silikonbackmatte belegtes Backblech legen. Die Blätterteigschnecken etwa 15 Minuten im Ofen backen, bis sie schön goldbraun sind.

MEIN TIPP

- Die gefüllten Blätterteigrollen für etwa 20 Minuten ins Gefrierfach legen, damit sich der Teig anschließend besser schneiden lässt. Veganen Blätterteig gibt es inzwischen in fast jedem Supermarkt zu kaufen.

PANINI
mit Rucolapesto

4 PORTIONEN

- 200 g Rucola
- 100 g Mandeln
- ½ Knoblauchzehe
- 20 g Würzhefeflocken
- 20 ml Olivenöl
- Salz
- Pfeffer
- 10 Tomaten
- 1 rote Zwiebel
- 8 Scheiben Toastbrot

ZUBEREITUNGSZEIT: 30 MINUTEN

ZUBEREITUNG

- Für das Pesto den Rucola waschen und grob hacken. Den Rucola mit den Mandeln, dem geschälten Knoblauch, der Würzhefe und dem Olivenöl mithilfe eines Standmixers zu einem Pesto verarbeiten und anschließend mit Salz und Pfeffer würzen.

- Die Tomaten waschen, halbieren, vom Stielansatz befreien und die Kerngehäuse entfernen. Die Tomaten nun in Würfel schneiden. Die Zwiebel schälen und anschließend in feine Streifen schneiden. Nun das Pesto und danach die Tomatenwürfel und Zwiebelstreifen auf die Hälfte der Weißbrotscheiben geben. Mit den unbelegten Scheiben zu Sandwiches zusammenklappen und in einen Kontaktgrill geben, bis das Brot die gewünschte goldbraune Farbe hat.

MEIN TIPP

- Du kannst die Panini auch in einer Grillpfanne ohne Fett anrösten, wenn kein Kontaktgrill zur Verfügung steht.

WRAPS
mit gegrilltem Gemüse

4 PORTIONEN
FÜR DEN TEIG:

- 200 g Weizenmehl Type 405
- ½ TL Salz
- 2 EL Margarine
- 5 EL Wasser

FÜR DIE FÜLLUNG:

- 1 Kopf Römersalat
- 1 rote Paprika
- 1 gelbe Paprika
- 2 rote Zwiebeln
- 1 Zucchini
- ½ TL Thymian
- ½ TL Oregano
- Cayennepfeffer
- 20 ml Olivenöl
- ½ Knoblauchzehe
- Salz
- Pfeffer

ZUBEREITUNGSZEIT: 60 MINUTEN

ZUBEREITUNG

- Für den Teig das gesiebte Weizenmehl, Salz, Margarine und Wasser in einer Küchenmaschine zu einem geschmeidigen Teig verarbeiten und anschließend für 30 Minuten ruhen lassen.

- In der Zwischenzeit das Gemüse für die Füllung putzen und schälen. Den Salat waschen, in mundgerechte Stücke schneiden und trockenschleudern. Die Paprika entkernen und in grobe Streifen schneiden. Das restliche Gemüse in Scheiben schneiden und zusammen in eine Schüssel geben.

- Aus den Kräutern, dem Cayennepfeffer, dem geschälten, gewürfelten Knoblauch und Öl eine Marinade herstellen. Diese kräftig mit Salz und Pfeffer würzen und zum Gemüse hinzugeben. Die Marinade vorsichtig untermischen und das Gemüse für etwa 10 Minuten marinieren lassen. Anschließend das Gemüse auf den Grill legen oder in einer Grillpfanne anbraten.

- Den Teig hervorholen und mithilfe eines Nudelholzes sehr dünne Fladen ausrollen, die in etwa die Größe eines Pfannenbodens haben. In dieser Pfanne die Fladen ohne Fett goldbraun backen. Um die Fladen geschmeidig und formbar zu machen, anschließend in ein feuchtes Küchentuch einschlagen.

- Vor dem Servieren den Salat und das gegrillte Gemüse in die Mitte des Fladens geben und einrollen.

MEIN TIPP

- Als Variation einfach etwas Remoulade oder auch veganen »Thunfisch«salat in den Wrap geben.

MANGO-LASSI

8 PORTIONEN

- 500 g Joghurtalternative
- 1 große Dose Mangopüree (850 g)
- 500 ml Wasser
- frisches Obst zum Garnieren

ZUBEREITUNGSZEIT: 10 MINUTEN

ZUBEREITUNG

- Die Joghurtalternative, das Mangopüree und das kalte Wasser in einen Standmixer geben und bei höchster Stufe pürieren. Anschließend für 1–2 Stunden kühl stellen.

- In der Zwischenzeit das Obst waschen, gegebenenfalls in mundgerechte Stücke schneiden und auf kleine Spieße fädeln. Das Lassi in Gläser füllen und zusammen mit den Obstspießen servieren.

MEIN TIPP

- Lassi wird gern zu scharfen Speisen getrunken, da es – im Gegensatz zu anderen Getränken – durch den Fettgehalt die Schärfe des Essens mildert und somit seine Verdaulichkeit erhöht. Kalt serviert ist es ein erfrischendes Getränk für heiße Sommertage. Mangopüree von sehr reif geernteten Mangos ist erhältlich in Bioläden sowie in Asialäden und gut sortierten Supermärkten.

SUPPEN UND CO.

Klare ZWIEBELSUPPE

4 PORTIONEN

- 8 Zwiebeln
- ½ Bund Thymian
- 2 Stangen Lauch (nur das Weiße)
- 2 EL Olivenöl
- 2 Lorbeerblätter
- edelsüßes Paprikapulver
- Muskatnuss, frisch gerieben
- Meersalz
- Pfeffer aus der Mühle
- 100 ml Weißwein
- 400 ml Gemüsefond (siehe Seite 264)
- ½ Baguette
- 1 Knoblauchzehe

ZUBEREITUNGSZEIT: 25 MINUTEN

ZUBEREITUNG

- Zwiebeln abziehen und in Streifen schneiden. Thymian waschen und trockenschütteln. Die Blättchen abzupfen. Das Weiße vom Lauch in feine Ringe schneiden und waschen.

- Das Öl in einem Topf erhitzen und Zwiebeln sowie Thymian darin glasig anschwitzen. Lorbeerblätter, Paprikapulver, Muskat, Salz und Pfeffer dazugeben und mit Weißwein ablöschen. Den Weißwein einkochen lassen, anschließend den Lauch dazugeben und mit Gemüsefond aufgießen. Die Suppe etwa 15 Minuten köcheln lassen.

- In der Zwischenzeit das Baguette in längliche Scheiben schneiden und rösten. Knoblauch abziehen, halbieren und die Baguettescheiben damit einreiben.

- Die Lorbeerblätter aus der Suppe entfernen, die Suppe mit Salz und Pfeffer abschmecken. Auf Tellern verteilen und das geröstete Baguette dazu servieren.

MEIN TIPP

- Für mich eine schnelle und leckere Suppe, die immer realisierbar ist, da die Zutaten meist in jeder Küche vorhanden sind. Sie steht dem Original in rein gar nichts nach und macht Lust auf Frankreich.

BOHNEN-EINTOPF

6 PORTIONEN

- 1 große Zwiebel
- 200 g Räuchertofu
- 1 Zweig Rosmarin
- 1 Knoblauchzehe
- 300 g Kartoffeln
- 400 g grüne Bohnen
- 300 g Karotten
- 50 ml Öl
- Meersalz
- Pfeffer aus der Mühle
- 2 l Gemüsefond (siehe Seite 264)
- ½ TL Bohnenkraut

ZUBEREITUNGSZEIT: 25 MINUTEN

ZUBEREITUNG

- Zwiebel abziehen und in feine Würfel schneiden. Räuchertofu in kleine Würfel schneiden. Rosmarin waschen und trockenschütteln. Knoblauch abziehen und in feine Würfel schneiden. Kartoffeln schälen und ebenfalls fein würfeln. Bohnen und Karotten waschen und putzen. Beides in kleine Stücke schneiden.

- Das Öl in einem Topf erhitzen und die Zwiebel darin anschwitzen. Räuchertofu mit Salz, Pfeffer und Rosmarin dazugeben und scharf anbraten. Anschließend die Knoblauchwürfel dazugeben und etwa 1 Minute mit anschwitzen. Mit dem Gemüsefond aufgießen und die Kartoffelwürfel in die Suppe geben. Aufkochen und Bohnen sowie Karotten hinzufügen. Das Ganze mit Bohnenkraut würzen und 15 Minuten köcheln lassen.

- Wenn die Kartoffeln die richtige Konsistenz haben, den Rosmarinzweig entfernen und den Eintopf mit Salz und Pfeffer abschmecken.

MEIN TIPP

- Um einen noch deftigeren Geschmack zu erzeugen, könnt ihr Liquid Smoke oder Rauchsalz verwenden. Diese Zutaten bitte sehr sparsam benutzen, da sie sehr intensiv sind. Kaufen könnt ihr sie in jedem guten Feinkostladen.

LINSENSUPPE

mit Ananas

4 PORTIONEN

- 3 Karotten
- 25 g frische Ingwerwurzel
- 1 kleine Zwiebel
- 1 Knoblauchzehe
- ½ rote Chilischote
- Öl zum Andünsten
- 800 ml Gemüsefond (siehe Seite 264)
- 250 g rote Linsen
- 250 ml Kokosmilch
- 3 EL Zitronensaft, frisch gepresst
- Meersalz
- 1 Messerspitze gemahlener Kreuzkümmel (Cumin)
- 1 Messerspitze gemahlener Koriander
- 600 g Ananas
- 2 EL Rohrohrzucker
- ½ Bund Koriandergrün

ZUBEREITUNGSZEIT: 30 MINUTEN

ZUBEREITUNG

- Karotten waschen und putzen. Ingwer schälen. Zwiebel und Knoblauch abziehen. Alles in kleine Würfel schneiden. Chilischote waschen, längs aufschlitzen, entkernen und fein hacken.

- Das Gemüse in etwas Öl andünsten. Gemüsefond, Linsen und Kokosmilch dazugeben, kurz aufkochen lassen und anschließend zugedeckt etwa 20 Minuten köcheln lassen. Mit Zitronensaft, Salz, Kreuzkümmel und gemahlenem Koriander würzen.

- Ananas schälen und vom Strunk sowie in Stücke schneiden. Die Stücke in etwas Öl anbraten. Dabei mit Zucker bestreuen und diesen etwas karamellisieren lassen.

- Koriandergrün waschen und trockenschütteln. Die Blättchen abzupfen. Die Suppe auf Teller verteilen. Den Koriander zum Selbstdosieren an den Tellerrand legen. Die Ananasstücke können entweder in die Suppe gegeben oder auf Holzspieße gesteckt und dazu serviert werden.

MEIN TIPP

- Ananas in deftigen Gerichten ist nicht jedermanns Sache. Hier in der Linsensuppe rundet die leicht saure Süße den Geschmack hervorragend ab.

GURKENKALTSCHALE

6 PORTIONEN

- 2 Biosalatgurken
- 500 g ungesüßte Joghurt-alternative
- 1 Knoblauchzehe
- Salz
- Pfeffer
- 1 Bund Dill
- 1 EL Zitronensaft
- 6 Scheiben Toastbrot
- Albaöl

ZUBEREITUNGSZEIT: 10 MINUTEN

ZUBEREITUNG

- Die Gurken waschen und klein schneiden. In einem Standmixer mit der Joghurtalternative je nach Belieben grob oder fein pürieren. Die Knoblauchzehe schälen, fein reiben und zusammen mit Salz und Pfeffer abschmecken.

- Den Dill waschen und ein paar Dillspitzen für die Dekoration beiseitelegen. Die restlichen Blättchen fein hacken und zur Gurkensuppe hinzufügen. Fein-säuerlich mit Zitronensaft abschmecken und anschließend kaltstellen.

- Das Toastbrot in einer Pfanne mit Albaöl rösten. Die Suppe auf Teller verteilen, mit den Dillspitzen garnieren und servieren.

MEIN TIPP

- Besonders gut schmeckt zur Gurkenkaltschale getoastetes Brot, aber auch Grissini. Vegane Grissini erhält man häufig in Biosupermärkten.

FAST TASTE OF ASIA

8 PORTIONEN
FÜR DIE BASIS:

- 1 Zwiebel
- 40 g frische Ingwerwurzel
- 1,6 l Gemüsefond (siehe Seite 264)
- ½ TL Kreuzkümmel (Cumin)
- ½ TL Fenchelsamen
- 1 Messerspitze gemahlene Nelke
- 3 Kardamomkapseln
- 1 Zimtstange
- 2 EL Tamari-Sojasauce
- 1 EL Rohrohrzucker
- Meersalz

FÜR DIE BEILAGE:

- 250 g Sobanudeln
- 200 g Naturtofu
- 100 g Champignons
- ½ Bund Radieschen
- ½ rote Chilischote
- 1 rote Zwiebel
- 1 Karotte
- ½ Bund Koriander
- 1 Stängel Thai-Minze
- 10 ml Sesamöl

ZUBEREITUNGSZEIT:
25 MINUTEN

ZUBEREITUNG

- Für die Basis die Zwiebel abziehen und grob würfeln. Ingwer schälen und ebenfalls grob würfeln. Zwiebel und Ingwer mit den restlichen Zutaten in einem Topf zum Kochen bringen und 20 Minuten köcheln lassen.

- In der Zwischenzeit für die Beilage die Sobanudeln laut Packungsanweisung garkochen. Tofu in feine Würfel schneiden, Champignons putzen und vierteln. Radieschen waschen, putzen und in feine Scheiben schneiden. Die Chilischote längs aufschneiden, entkernen und in sehr feine Streifen schneiden. Zwiebel abziehen, halbieren und in Stifte schneiden. Karotte waschen, putzen und in feine Stifte reiben. Koriander und Minze waschen und trockenschütteln. Die Blätter abzupfen und fein schneiden.

- Sobanudeln, Tofu, Pilze, Radieschen, Chili, Zwiebel und Karotte auf Schüsseln verteilen. Die Basis durch ein feines Sieb gießen und sofort auf die Nudelmischung in den Schüsseln geben. Mit Sesamöl beträufelt und mit Koriander sowie Minze garniert heiß servieren.

MEIN TIPP

- Die Basis – auf Vorrat gekocht und kochend heiß in Einweckgläser gefüllt – kann über mehrere Monate im Kühlschrank gelagert werden. So reduziert sich die Zubereitungszeit von 25 auf 15 Minuten.

SUPPE VON GELBER PAPRIKA

mit Blätterteig-Kräuterstangen

4 PORTIONEN

- 5 gelbe Paprikaschoten
- Rapsöl
- 1 Zweig Rosmarin
- 4 Zweige Thymian
- 100 g Blätterteig
- 1 weiße Zwiebel
- 50 g Margarine
- 1 l Gemüsefond (siehe Seite 264)
- 100 ml Kochcreme
- Salz
- Cayennepfeffer

ZUBEREITUNGSZEIT: 55 MINUTEN

ZUBEREITUNG

- Den Backofen auf 220 °C vorheizen. Die Paprikaschoten unter fließendem Wasser waschen und gründlich trockenreiben. Mit etwas Öl einreiben und auf einem Blech auf mittlerer Schiene in den vorgeheizten Ofen schieben. Sobald die Haut der Paprikas nach ca. 20 Minuten anfängt schwarze Blasen zu bekommen, aus dem Ofen holen und in ein kühles feuchtes Küchenhandtuch wickeln.

- Nachdem die Paprikaschoten abgekühlt sind, die Haut abziehen. Anschließend das Kerngehäuse entfernen und die Schoten in grobe Würfel schneiden.

- Rosmarin und Thymian zupfen und fein hacken. Die gehackten Kräuter auf der aufgetauten Blätterteigplatte verteilen, diese einmal einklappen und mit einem Nudelholz auswalzen. Den Vorgang zwei weitere Male wiederholen, um die Kräuter in den Teig einzuarbeiten.

- Nun den Teig dünn ausrollen, in Streifen schneiden und in sich eindrehen, dann im vorgeheizten Umluftofen bei 160 °C auf mittlerer Schiene für 7 bis 10 Minuten goldbraun backen.

- Die Zwiebel häuten und in feine Würfel schneiden. Die Margarine in einem Topf erhitzen und die Zwiebelwürfel darin glasig dünsten. Die Paprikawürfel dazugeben und anschließend mit Gemüsefond aufgießen. Alles 10 Minuten köcheln lassen und danach mit der Kochcreme in einem Stand- oder mit dem Stabmixer fein pürieren. Mit Salz und Cayennepfeffer abschmecken.

MEIN TIPP

- Die Paprikaschoten bekommen durch das Rösten im Ofen ein intensives Aroma, welches an die Suppe weitergegeben wird. Die Paprika kann auch auf einem Grill oder einem Gasherd geröstet werden. Es sieht übrigens toll aus, wenn die Suppe in ausgehöhlten Paprikaschoten serviert wird.

Feurige ZUCCHINISUPPE

4 PORTIONEN

- 400 g Zucchini
- 1 weiße Zwiebel
- 1 Karotte
- 1 mittelgroße Kartoffel
- 2 EL Erdnussöl
- 1 Chilischote
- 500 ml Gemüsefond (siehe Seite 264)
- Salz
- Pfeffer
- Kochcreme nach Geschmack

ZUBEREITUNGSZEIT: 40 MINUTEN

ZUBEREITUNG

- Die Zucchini gründlich waschen und in grobe Würfel schneiden. Die Zwiebel häuten, die Karotte und Kartoffel schälen und alles in feine Würfel schneiden.

- Das Öl in einem Topf erhitzen und die Zwiebel- und Karottenwürfel darin anbraten, bis die Zwiebelwürfel leicht gebräunt sind. In der Zwischenzeit die Chilischote halbieren, entkernen und in feine Würfel schneiden. Die Zucchini- und Kartoffelwürfel sowie je nach Geschmack und Schärfewunsch die klein gehackte Chilischote in den Topf geben, kurz anschwitzen und das Ganze mit dem Gemüsefond ablöschen. Alles aufkochen und bei geringer Hitze mit geschlossenem Deckel für 15 bis 20 Minuten köcheln lassen.

- Die Suppe mit einem Stab- oder Standmixer fein pürieren. Anschließend mit Salz und Pfeffer abschmecken und gegebenenfalls mit etwas Kochcreme verfeinern.

TOMATEN-KOKOS-SUPPE

6 PORTIONEN

- 1 kg Tomaten
- 2 Zwiebeln
- 5 EL Olivenöl
- 30 g Tomatenmark
- 500 ml Gemüsefond (siehe Seite 264)
- 500 ml Kokosmilch
- 1 Bund Basilikum
- Salz
- Pfeffer

ZUBEREITUNGSZEIT: 50 MINUTEN

ZUBEREITUNG

- Wasser in einem Topf aufkochen und eine Schüssel mit kaltem bzw. Eiswasser bereitstellen. Den Stielansatz aus den Tomaten entfernen und auf der gegenüberliegenden Seite ein Kreuz in die Schale ritzen. Die Tomaten für 10 bis 15 Sekunden in das kochende Wasser geben und anschließend im Eiswasser abschrecken. Die nun gelöste Schale entfernen und das Fruchtfleisch in feine Würfel schneiden. Wer möchte, kann die Kerne entfernen.

- Die Zwiebeln schälen, würfeln und in einem Topf mit heißem Olivenöl anschwitzen. Sobald die Zwiebeln karamellisieren und Farbe annehmen, Temperatur reduzieren, das Tomatenmark dazugeben und für 2 bis 3 Minuten mitrösten. Die Tomatenwürfel in den Topf geben und alles 5 Minuten einkochen. Nun mit dem Gemüsefond und der Kokosmilch auffüllen und alles für 15 Minuten auf kleiner Flamme köcheln lassen.

- Das Basilikum waschen, trockenschütteln, klein schneiden und mit der Suppe in einem Standmixer oder mit einem Stabmixer glatt pürieren. Mit Salz und Pfeffer abschmecken und heiß servieren.

MEIN TIPP

- Passierte Tomaten oder Tomaten in Stücken sind eine gute Alternative zu den frischen Tomaten außerhalb der Saison. Die Kombination Tomate mit Basilikum und Kokos ist für mich immer ein Highlight.

GULASCHSUPPE

4 PORTIONEN

- 100 g Sojawürfel oder Sunflower Chunks
- Salz
- 300 g weiße Zwiebeln
- Knoblauchzehe
- 2 mittelgroße Kartoffeln
- je 1 gelbe und grüne Paprika
- 100 g Champignons
- 150 g Tomaten
- 90 ml Rapsöl
- Cayennepfeffer
- Paprikapulver (edelsüß)
- Pfeffer
- Kümmel
- Majoran
- 50 g Tomatenmark
- 80 ml Rotwein
- 1 l Gemüsefond (siehe Seite 264)
- Quarkalternative und Chilifäden zum Anrichten

ZUBEREITUNGSZEIT:
55 MINUTEN +
40 MINUTEN KOCHZEIT

ZUBEREITUNG

- Die Sojawürfel oder Sunflower Chunks mit kochendem Salzwasser übergießen und mindestens 15 Minuten quellen lassen. Zwiebeln, Knoblauch und Kartoffeln schälen und in Würfel schneiden. Paprika entkernen und in Streifen schneiden. Die Champignons putzen und in Scheiben schneiden.

- Die Tomaten auf der Unterseite mit einem scharfen Küchenmesser kreuzweise einritzen und mit kochendem Wasser überbrühen. Mit kaltem Wasser abschrecken, die Haut abziehen, Kerngehäuse entfernen und die Tomaten klein würfeln.

- Das Öl mit dem Cayennepfeffer, Paprikapulver, Salz, Pfeffer und Kümmel zu einer Marinade verarbeiten. Die Würfel oder Chunks abgießen, ausdrücken und mit der Marinade vermischen. Danach in einer heißen Pfanne anbraten, bis sie leicht Farbe bekommen. Zwiebelwürfel und Champignons dazugeben, mit Majoran würzen und alles unter ständigem Wenden anrösten. Die Temperatur reduzieren und dann Tomatenmark, Knoblauch und Kartoffeln dazugeben und 3 Minuten schmoren.

- Mit Rotwein ablöschen und diesen wieder einkochen lassen. Den Gemüsefond zugießen und alles 25 Minuten bei schwacher Hitze kochen lassen. Anschließend die Tomatenwürfel und die Paprikastreifen in die Suppe geben und weitere 15 Minuten köcheln. Mit Kümmel, Salz und Pfeffer abschmecken.

- Mit veganer Quarkalternative und Chilifäden anrichten.

WALDPILZSUPPE

mit Brezelchips

6 PORTIONEN

- 500 g gemischte Pilze (Waldpilze)
- 4 EL Albaöl
- 1 Zwiebel
- 1 l Gemüsefond (siehe Seite 264)
- Salz
- Pfeffer
- 100 ml Kochcreme
- 2 EL Speisestärke
- Saft und Abrieb von ½ Zitrone
- ½ Bund Petersilie
- 2 Brezeln

ZUBEREITUNGSZEIT: 50 MINUTEN

ZUBEREITUNG

- Die Pilze putzen, aber nicht waschen; schmutzige Stellen abschneiden. Die Pilze sehr klein schneiden, nur Pfifferlinge dürfen in größeren Stücken in die Suppe, sie werden nicht »schwammig«.

- Eine Pfanne mit 2 Esslöffel Albaöl stark erhitzen und die Pilze darin scharf anbraten. Die Zwiebel schälen, fein würfeln, dazugeben und anbraten. Sobald die Zwiebeln goldbraun sind, den Gemüsefond zugießen. Mit Salz und Pfeffer würzen und 15 Minuten bei schwacher Hitze köcheln lassen.

- Die Kochcreme hinzufügen und leicht köcheln lassen. Die Speisestärke mit etwas kaltem Wasser mischen und so viel unter ständigem Rühren in die Suppe geben, bis die Suppe bindet. Vom Herd ziehen und mit Salz, Pfeffer, Zitronensaft und etwas Zitronenabrieb abschmecken. Die Petersilie hacken und über die fertige Suppe streuen.

- Die Brezeln in dünne Scheiben schneiden und anschließend in einer heißen Pfanne mit dem restlichen Albaöl anbraten.

MEIN TIPP

- Die Suppe statt mit Zitrone mit frischem geriebenem Meerrettich (ca. 60 Gramm) und edelsüßem Paprikapulver abschmecken oder statt Petersilie frischen Thymian und angeröstete Räuchertofustreifen zum Verfeinern zugeben.

AVOCADO-GAZPACHO

2 PORTIONEN

- 1 reife Avocado
- 450 ml Wasser
- 1 EL Zitronensaft
- 1 EL Hefeflocken
- ½ TL helle Misopaste
- 1 TL Kräuteröl (Basilikum, Minze, Salbei, Estragon, Kerbel)
- Salz
- Pfeffer

ZUBEREITUNGSZEIT: 10 MINUTEN

ZUBEREITUNG

- Die reife Avocado halbieren, den Kern entfernen und das Fruchtfleisch mit einem Löffel herauskratzen. Mit dem Wasser und dem Zitronensaft in einen Standmixer geben.

- Die Zutaten in den Mixer geben und alles bei höchster Stufe sämig pürieren. Je nach Größe oder Menge des Fruchtfleischs kann die Gazpacho zu dick sein. Einfach mehr Wasser hinzugeben und auf die gewünschte Konsistenz verdünnen. Abschließend mit Salz und Pfeffer abschmecken und servieren. Nach Wunsch mit Kresse garnieren.

MEIN TIPP

- Für das Kräuteröl nutze ich getrocknete Blätter von Kräutern, die ich nicht aufbrauchen konnte. Je nach Vorliebe einfach die Kräuter mit Öl mixen und in eine dunkle Glasflasche geben. Dieses Öl ist mehrere Wochen im Kühlschrank haltbar.

Cremige BRUNNENKRESSESUPPE

4 PORTIONEN
FÜR DIE SUPPE:

- 1 Zwiebel
- 1 Knoblauchzehe
- 1 Kartoffel
- 50 g Margarine
- Salz
- 100 ml Weißwein (trocken)
- 2 Zweige Thymian
- 2 Lorbeerblätter
- 1 l Gemüsefond (siehe Seite 264)
- 2 Bund Brunnenkresse
- 150 ml Kochcreme
- Muskat
- weißer Pfeffer

FÜR DIE GARNITUR:

- 2 EL Mandeln (gehobelt)
- Brunnenkresse

ZUBEREITUNGSZEIT:
55 MINUTEN

ZUBEREITUNG

- Die Zwiebel, die Knoblauchzehe und die Kartoffel schälen und in Würfel schneiden. Margarine in einem Topf zerlassen und die Würfel dazugeben. Alles kurz anschwitzen, salzen und anschließend mit dem Weißwein ablöschen. Die Thymianzweige und die Lorbeerblätter zugeben, die Flüssigkeit ca. 5 Minuten köcheln lassen und mit dem Gemüsefond auffüllen. Die Suppe bei mittlerer Hitze auf etwa drei Viertel des ursprünglichen Volumens einkochen lassen.

- In der Zwischenzeit die Brunnenkresse waschen, von den groben Stielen befreien und trockenschleudern. Etwas für die Garnitur beiseitestellen.

- Wenn die Suppe reduziert ist, die Kochcreme zugeben und mit Muskat, Salz und Pfeffer abschmecken. Einmal aufkochen, dann den Thymian und die Lorbeerblätter entfernen. Die Brunnenkresse in einen Mixer geben, die heiße Suppe hinzufügen und alles fein mixen.

- Die Mandelblättchen in einer Pfanne ohne Fett goldbraun rösten und zur Seite stellen. Die Suppe in tiefe Teller füllen und mit Brunnenkresse sowie den gerösteten Mandelblättchen garnieren.

Deftige KARTOFFELSUPPE

4 PORTIONEN

- 350 g vorwiegend festkochende Kartoffeln
- 1 große weiße Zwiebel
- 30 g Margarine
- 750 ml Gemüsefond (siehe Seite 264)
- ½ TL Majoran
- Rauchsalz
- Pfeffer
- 4 vegane Kochwürste
- 50 ml Kochcreme
- 50 g Rucola

ZUBEREITUNGSZEIT: 45 MINUTEN

ZUBEREITUNG

- Die Kartoffeln und Zwiebel schälen und in feine Würfel schneiden. Die Margarine in einem Topf zerlassen und die Zwiebelwürfel darin anbraten. Sobald sie Farbe bekommen, die Kartoffeln dazugeben und kurz mit anschwitzen. Mit dem Gemüsefond auffüllen und bei mittlerer Hitze leicht kochen lassen.

- Sobald die Kartoffeln weich sind, alles mit einem Mixer fein pürieren und mit Majoran, Rauchsalz und Pfeffer würzen. Anschließend die veganen Kochwürste in Scheiben schneiden und in die Suppe geben. Die Suppe weitere 10 Minuten bei schwacher Hitze köcheln lassen, damit der Geschmack der Würstchen in die Suppe übergeht.

- Den Topf vom Herd ziehen, die Kochcreme unterrühren und mit Salz und Pfeffer abschmecken. Den Rucola fein hacken und damit die Suppe garnieren.

MEIN TIPP

- Die Suppe kann vor dem Servieren zusätzlich mit gebratenen Zwiebelringen und frischen Karottenstreifen verfeinert werden.

ROTE-BETE-SUPPE

4 PORTIONEN

- 500 g Rote Bete
- 1 Zwiebel
- 2 Karotten
- ½ Stange Lauch
- 100 g Margarine
- 1 l Gemüsefond (siehe Seite 264)
- 2 Lorbeerblätter
- 4 Pimentkörner
- ½ TL Thymian
- Salz
- Pfeffer
- 100 ml Kochcreme

ZUBEREITUNGSZEIT: 55 MINUTEN

ZUBEREITUNG

- Die Rote Bete in Alufolie einwickeln und im Ofen bei 200 °C für 45 Minuten backen.

- In der Zwischenzeit die Zwiebel und Karotten schälen und in feine Würfel schneiden. Den Lauch waschen und in feine Streifen schneiden.

- Die Margarine in einem Topf erhitzen und das Gemüse darin anschwitzen. Mit Gemüsefond aufgießen und mit Lorbeer und Piment auf kleiner Hitze für ca. 20 Minuten (bis das Gemüse weich ist) köcheln lassen. Die gegarte Rote Bete schälen, in kleine Stücke schneiden und in den Topf geben. (Achtung: Die Rote Bete färbt stark ab, am besten Gummihandschuhe verwenden.)

- Für eine cremige Suppe den Lorbeer und Piment entfernen und alles mit einem Standmixer pürieren. Mit Thymian, Salz und Pfeffer abschmecken und zum Schluss mit einem Schuss Kochcreme verfeinern.

MEIN TIPP

- Anstelle der Kochcreme passt Kokoscreme sehr gut zur Roten Bete. Wer es deftiger mag, kann die Suppe auch mit geräucherten Soja- bzw. Seitanwürsten zubereiten.

KAROTTEN-INGWER-SUPPE

4 PORTIONEN

- ½ Limette
- 1 Zwiebel
- 10 g Ingwer
- 500 g Karotten
- 30 g Margarine
- 1 EL Agavendicksaft
- 800 ml Gemüsefond (siehe Seite 264)
- Salz
- Pfeffer
- 100 ml Kochcreme

ZUBEREITUNGSZEIT: 40 MINUTEN

ZUBEREITUNG

- Die Limette mit heißem Wasser waschen, mit einem Zestenreißer dünne Streifen von der Schale schneiden und den Saft auspressen. Die Zwiebel, den Ingwer sowie die Karotten schälen und fein würfeln.

- Die Margarine in einem Topf zerlassen und die Zwiebel- und Ingwerwürfel sowie die Limettenzesten darin andünsten. Nach 3 Minuten die Karottenwürfel mit dem Agavendicksaft dazugeben und für weitere 3 Minuten dünsten.

- Nun mit dem Gemüsefond aufgießen und alles für ca. 15 Minuten köcheln lassen. Anschließend die Suppe mit einem Stab- oder Standmixer pürieren (eventuell noch etwas Brühe hinzugeben) und mit Salz, Pfeffer und Limettensaft abschmecken.

- Die Kochcreme in die Suppe geben und heiß servieren.

MEIN TIPP

- Ein Zestenreißer ist ein kleines Schälwerkzeug zum Herstellen von hauchdünnen Schalenstreifen von Orangen und anderen Zitrusfrüchten, den sogenannten Zesten. Alternativ kann man auch einen Sparschäler, eine Microplane-Reibe oder ein Messer benutzen. Allerdings sollte man dann darauf achten, das darunterliegende weiße Gewebe, welches Bitterstoffe enthält, unberührt zu lassen.

IN DER HAUPTSACHE

FLAMMKUCHEN

1 BACKBLECH

- 100 ml Wasser
- 1 Würfel Hefe
- ½ TL Zucker
- 200 g Weizenmehl Type 405
- 1 EL Weißweinessig
- 1 EL Olivenöl
- 100 g ungesüßte Joghurtalternative
- 1 TL Speisestärke
- Salz
- Cayennepfeffer
- 2 Zwiebeln
- 100 g Räuchertofu
- 1 EL Rapsöl
- 1 EL Tamari-Sojasauce
- 1 Frühlingszwiebel
- Mehl für die Arbeitsfläche

ZUBEREITUNGSZEIT:
35 MINUTEN +
15 MINUTEN BACKZEIT

ZUBEREITUNG

- Lauwarmes Wasser mit der Hefe und dem Zucker in einer Rührschüssel vermischen und 10 Minuten ruhen lassen. Das Mehl, den Weißweinessig und das Öl dazugeben und zu einem geschmeidigen Teig verarbeiten. Den Teig zudecken und an einem warmen Ort für mindestens 30 Minuten gehen lassen.

- Die Joghurtalternative mit der Speisestärke vermischen und mit Salz und Cayennepfeffer abschmecken.

- Die Zwiebeln häuten und in grobe Scheiben schneiden. Den Räuchertofu trockentupfen, in feine Streifen schneiden und gemeinsam mit den Zwiebelscheiben in einer heißen Pfanne mit dem Rapsöl anbraten. Sobald der Tofu Farbe bekommt, mit der Tamari-Sojasauce ablöschen und den Herd ausschalten.

- Den Ofen auf 220 °C vorheizen. Den Teig auf einer bemehlten Arbeitsfläche mit einem Nudelholz dünn ausrollen und auf ein mit Backpapier ausgelegtes Blech legen. Die Joghurtalternative und anschließend die gebratenen Zwiebelscheiben und Tofustreifen darauf verteilen.

- Den Flammkuchen für 12 bis 15 Minuten auf mittlerer Schiene im Backofen knusprig backen. Die Frühlingszwiebel putzen, in feine Ringe schneiden und vor dem Servieren über den heißen Flammkuchen streuen.

Orientalischer BLUMENKOHL

4 PORTIONEN

- Meersalz
- 1,5 kg Blumenkohl
- 60 g Pinienkerne
- 60 g Sonnenblumenkerne
- 1 rote Zwiebel
- 4 EL Olivenöl
- 2 TL Currypulver
- 120 g Cranberrys
- 2 EL Reisessig
- Pfeffer aus der Mühle
- ½ Bund krause Petersilie

ZUBEREITUNGSZEIT: 30 MINUTEN

ZUBEREITUNG

- In einem großen Topf gesalzenes Wasser zum Kochen bringen. In der Zwischenzeit den Blumenkohl waschen und grob in Röschen teilen. 10 Minuten im siedenden Wasser ziehen lassen.

- Pinien- und Sonnenblumenkerne in einer Pfanne ohne Fett anrösten, in eine Schüssel geben und beiseitestellen. Zwiebel abziehen und in grobe Stücke schneiden. Das Öl in der Pfanne erhitzen und die Zwiebel darin glasig dünsten. Currypulver und Cranberrys hinzufügen und 1 Minute anschwitzen. Die abgetropften Blumenkohlröschen in die Pfanne geben und ebenfalls anschwitzen. Mit Reisessig ablöschen und mit Salz und Pfeffer würzen.

- Petersilie waschen und trockenschütteln. Die Blätter abzupfen und vor dem Servieren mit den gerösteten Kernen über den Blumenkohl streuen.

MEIN TIPP

- In der indischen Küche werden die ungemahlenen Gewürze wie Koriandersaat, Bockshornklee, Schwarzkümmel, Senfsaat und Kardamom erst ohne Fett erhitzt und anschließend in Fett gebraten, damit sie ihren vollen Geschmack entwickeln. So lässt sich ein tolles Aromaöl herstellen, das jedes orientalische Gericht abrundet. Mein absolutes Lieblingscurrypulver ist „Sonnenkuss" von Sonnentor.

POLENTA-PIZZA

FÜR 1 BLECH

- ½ Zwiebel
- 1 TL Salbeiblätter frisch
- 100 g Margarine
- 100 ml Milchalternative - ungesüßt
- 200 ml Gemüsefond (siehe Seite 264)
- Salz
- Pfeffer
- 200 g Maisgrieß
- 1 Apfel
- 100 g Mangold
- 20 g Räuchertofu
- 1 EL Rapsöl
- 1 EL Muskatnuss, frisch gemahlen
- 1 Knoblauchzehe
- 2 Thymianzweige
- 3 EL Olivenöl
- 75 g Oliven-Mix
- 100 g Spargel
- 1 EL Albaöl
- 1 TL Zitronensaft
- 30 g veganer Schmelzkäse
- 100 g Champignons
- 1 EL Tomatenmark
- 1 Schalotte

ZUBEREITUNGSZEIT:
50 MINUTEN +
25 MINUTEN BACKZEIT

ZUBEREITUNG

- Die Zwiebel abziehen und hacken. Die Salbeiblätter waschen, hacken und zu den Zwiebeln geben. Die Margarine in einen Topf geben und erhitzen. Die Zwiebel in der Margarine glasig dünsten und mit der Milchalternative und dem Gemüsefond aufkochen. Kräftig mit Salz und Pfeffer würzen. Ein Blech mit Frischhaltefolie auslegen und in die Nähe stellen. Nun mit einem Schneebesen den Grieß in den Topf rühren und die Masse für 1 Minute unter ständigem Rühren köcheln lassen. Achtung, es kann spritzen! Anschließend die Masse gleichmäßig und dünn auf dem Blech ausstreichen und kaltstellen.

- Den Apfel waschen, entkernen und in feine Stifte schneiden. Den Mangold waschen, putzen und mit dem Räuchertofu in Streifen schneiden. Rapsöl in einer Pfanne erhitzen und den Räuchertofu darin anbraten. Den Mangold und Apfelstifte dazugeben und mit anschwitzen, mit Salz und Muskat würzen. Auf einem Teil des Pizzabodens verteilen.

- Den Knoblauch abziehen, mit einem breiten Messerrücken andrücken und in einer Pfanne mit dem Thymian und 2 Esslöffel Olivenöl anschwitzen. Dann die Oliven dazugeben, anschwitzen und auf einem Teil der Pizza verteilen.

- Den Spargel schälen, putzen und in grobe Stücke schneiden. Diese mit dem Albaöl, dem Zitronensaft und 1 Prise Salz marinieren. Den Schmelzkäse und den Spargel auf einem Teil der Pizza verteilen.

- Die Champignons in Scheiben schneiden. Wenig Tomatenmark auf einen Teil des Pizzabodens streichen. Salz, Pfeffer und 1 Esslöffel Olivenöl darübergeben. Die Schalotte abziehen, in Streifen schneiden und mit den Champignonscheiben auf die Pizza geben. Die Pizza bei 180 °C auf mittlerer Schiene für ca. 25 Minuten im vorgeheizten Umluftofen backen.

OFENGEMÜSE

mit veganem Joghurt-Gurken-Dressing

4 PORTIONEN

- 2 Paprikaschoten
- 2 Zucchini
- 2 Tomaten
- 4 Kartoffeln
- 1 Knoblauchzehe
- 1 Zweig Rosmarin
- 2 Zweige Thymian
- Meersalz
- Pfeffer aus der Mühle
- 3 EL Olivenöl
- ½ Salatgurke
- ½ Bund Minze
- 200 g ungesüßte Joghurtalternative

**ZUBEREITUNGSZEIT:
25 MINUTEN +
15 MINUTEN BACKZEIT**

ZUBEREITUNG

- Paprikaschoten und Zucchini waschen und putzen. Tomaten waschen, Kartoffeln unter fließendem Wasser gründlich abbürsten. Alles in grobe Stücke schneiden und in eine große Schüssel geben. Die Knoblauchzehe schälen und reiben. Rosmarin und Thymian waschen, trockenschütteln, klein schneiden und Knoblauch, Kräuter und Olivenöl im Mörser zu einer Marinade verarbeiten. Marinade in die Schüssel geben, alles mischen und mit Salz und Pfeffer würzen. Auf ein mit einer Silikonbackmatte belegtes Backblech verteilen und bei 180 °C 15 Minuten auf mittlerer Schiene im vorgeheizten Ofen backen.

- In der Zwischenzeit die Gurke waschen, in feine Stifte schneiden, salzen und mindestens 10 Minuten ziehen lassen. Anschließend das Wasser, das die Gurken gezogen haben, abgießen. Minze waschen und trockenschütteln. Die Blätter abzupfen und hacken. Mit der Joghurtalternative zu den Gurken geben. Mit Salz und Pfeffer würzen.

- Das Gemüse direkt aus dem Ofen servieren und das Dressing dazu reichen.

MEIN TIPP

- Dieses Ofengemüse ist bei jedem Grillfest der Hit – entweder direkt vom Grill oder in Alufolie gedämpft. Probiert doch mal, Früchte (Melone, Birne, Avocado …) oder Salate (Chicorée, Radicchio) zu grillen. Ihr werdet überrascht sein, wie lecker das ist!

TORTILLA-PIZZA

4 PORTIONEN

- ¼ Knoblauchzehe
- 80 g getrocknete Tomaten in Öl
- Saft und Zesten von ½ Bio-Zitrone
- 40 ml Sweet Chilisauce
- 2 EL Olivenöl
- Meersalz
- Pfeffer aus der Mühle
- 4 Tortilla-Wraps
- 400 g Cherrytomaten
- 2 Zweige Rosmarin
- 50 g Rucola
- 50 g schwarze Oliven ohne Stein
- 20 g Pinienkerne

ZUBEREITUNGSZEIT:
10 MINUTEN +
15 MINUTEN BACKZEIT

ZUBEREITUNG

- Knoblauch abziehen. Die Hälfte der getrockneten Tomaten mit dem Zitronensaft und den Zitronenzesten, dem Knoblauch, der Chilisauce und dem Olivenöl mit dem Mixer oder Mörser zu einer Paste verarbeiten und mit Salz und Pfeffer würzen.

- Den Backofen auf 250 °C vorheizen. Die Würzpaste auf den Wraps verteilen. Tomaten waschen und halbieren. Rosmarin waschen und trockenschütteln. Die Nadeln von den Zweigen streifen. Rucola waschen, trockenschütteln und in mundgerechte Stücke zupfen. Tomatenhälften, restliche getrocknete Tomaten, Rosmarin, Oliven und Pinienkerne auf den Wraps verteilen und diese etwa 5 Minuten auf der mittleren Schiene im Ofen backen. Herausnehmen, mit Rucola garnieren und servieren.

MEIN TIPP

- Pizza ist des Deutschen liebstes Gericht mit italienischem Einfluss. Dabei ist der Pizzateig das A und O und braucht in der Regel Zeit und Erfahrung. Nach einem Tortilla-Abend blieben meist mehrere Wraps liegen, und so hatten wir am folgenden Tag die Idee, Pizza daraus zu machen. Eine tolle Sache für Partys oder als schnelles Essen.

IF YOU ARE
RACIST
ASSHOLE

MAKKARONI-AUFLAUF

4 PORTIONEN

- 500 g Makkaroni
- Meersalz
- 2 Zwiebeln
- Margarine zum Andünsten
- 200 g Karotten
- 400 ml Kochcreme
- 50 g Kapern
- 200 g Erbsen (TK)
- Worcestersauce
- 1 Msp. Cayennepfeffer
- 1 Prise Muskatnuss, frisch gerieben

ZUBEREITUNGSZEIT:
20 MINUTEN +
25 MINUTEN BACKZEIT

ZUBEREITUNG

- Die Makkaroni nach Packungsanweisung in reichlich Salzwasser bissfest garen. Anschließend abgießen, kalt abschrecken und in eine große Schüssel geben.

- Zwiebeln abziehen und in Streifen schneiden. Die Margarine in einer Pfanne erhitzen und die Zwiebeln darin glasig dünsten. Zu den Makkaroni in die Schüssel geben. Karotten schälen, klein schneiden und ebenfalls in die Schüssel geben. Anschließend die Kochcreme, Kapern und Erbsen dazugeben. Alles gründlich vermischen, mit Worcestersauce, Cayennepfeffer, Salz und Muskat würzen und in eine Auflaufform füllen.

- Den Makkaroni-Auflauf etwa 25 Minuten bei 180 °C auf der mittleren Schiene im vorgeheizten Umluftofen goldgelb backen.

MEIN TIPP

- Zu viele Nudeln gekocht? Wer kennt das nicht? Abgekühlt und abgedeckt halten sich die Nudeln mehrere Tage im Kühlschrank und können z. B. für diesen Auflauf verwendet werden.

KÜRBISPUFFER

mit Champignonrahmsauce

4 PORTIONEN

- 300 g Hokkaidokürbis
- 1 EL Speisestärke
- ½ Bund Frühlingszwiebeln
- 1 EL Sesamsamen
- Meersalz
- Pfeffer aus der Mühle
- Muskatnuss, frisch gerieben
- ½ Knoblauchzehe
- 1 Schalotte
- 100 g Champignons
- 4 EL Öl
- 100 ml Kochcreme
- Saft von ½ Zitrone

ZUBEREITUNGSZEIT: 30 MINUTEN

ZUBEREITUNG

- Kürbis waschen, entkernen, fein reiben und salzen. Nach 10 Minuten die Kürbismasse ausdrücken und mit der Stärke vermischen. Frühlingszwiebeln waschen, putzen, in feine Ringe schneiden und mit Sesam zu der Kürbismasse geben. Alles vermischen, mit Salz, Pfeffer und Muskat würzen und zu Rösti formen.

- Knoblauch mit Schale andrücken, Schalotte abziehen und in Würfel schneiden. Champignons putzen und vierteln. 1 Esslöffel Öl in einer Pfanne erhitzen und Schalotten sowie Knoblauch darin anbraten. Die Pilze dazugeben, mitbraten und mit Salz und Pfeffer würzen. Sobald die Champignons Farbe genommen haben, die Knoblauchzehe entfernen, die Kochcreme angießen und einköcheln lassen. Die Champignonrahmsauce mit Salz, Pfeffer und Zitronensaft würzen.

- In der Zwischenzeit das restliche Öl portionsweise in einer zweiten Pfanne erhitzen und die Kürbisrösti darin bei mittlerer Hitze braten. Nach 3 bis 4 Minuten die Rösti vorsichtig wenden und ausbacken lassen. Mit der Champignonrahmsauce auf Teller geben und mit den restlichen Frühlingszwiebelringen bestreut servieren.

MEIN TIPP

- Kürbis hat wie auch die Kartoffel sehr viel Stärke und kann somit gut ausgebacken werden. Ich mag besonders den exotischen und kräftigen Geschmack des Hokkaidos.

SOJASCHNITZEL WIENER ART

mit Champignonrahmsauce und Ofenkartoffeln

2 PORTIONEN
FÜR DIE SOJASCHNITZEL:

- 2 Sojaschnitzel (trocken, z. B. Big Steaks von Vantastic Foods)
- Salz, Pfeffer
- 10 g Weizenmehl Type 405
- 1 Ei-Alternative
- 20 ml ungesüßte Milchalternative
- 10 ml Kochcreme
- Paprikapulver
- 30 g Paniermehl
- 50 ml Öl

FÜR DIE OFENKARTOFFELN:

- 600 g Kartoffeln (festkochend)
- Salz
- 20 ml Olivenöl
- 1 Zweig Thymian
- ½ Zweig Rosmarin
- ½ Knoblauchzehe
- Paprikapulver, Pfeffer

FÜR DIE SAUCE:

- 150 g Champignons
- ½ Zwiebel
- 1 EL Öl
- Salz, Pfeffer
- 50 ml Weißwein
- 250 ml Kochcreme
- Petersilie zur Dekoration

ZUBEREITUNGSZEIT:
70 MINUTEN

ZUBEREITUNG

- Die Sojaschnitzel in kochendem Salzwasser einweichen und 30 Minuten quellen lassen. Das überschüssige Wasser auspressen und anschließend die Sojaschnitzel mit Salz und Pfeffer würzen. Die gewürzten Sojaschnitzel in Mehl wenden und danach ordentlich abklopfen. Die Ei-Alternative nach Herstellerangaben zubereiten und in eine Schüssel geben und mit der Milchalternative und der Kochcreme verrühren, bis eine dünnflüssige Marinade entsteht, die in ihrer Konsistenz einem gequirlten Ei gleicht. Die Marinade mit etwas Salz und Paprika würzen. Nun die mehlierten Sojaschnitzel in die Marinade tunken, abtropfen lassen und anschließend in Paniermehl wälzen.

- Die Kartoffeln mit Schale für ca. 15 Minuten in Salzwasser kochen, abschrecken und in gleichmäßige Viertel schneiden. Aus dem Öl, den gehackten Kräutern und den Gewürzen eine Marinade herstellen und die Kartoffeln damit einpinseln. Den Umluftofen auf 180 °C vorheizen und die Kartoffeln auf einem mit einer Silikonbackmatte ausgelegten Backblech für ca. 13 Minuten goldbraun backen.

- Die Champignons putzen und in feine Scheiben schneiden. Die Zwiebel schälen und in feine Würfel schneiden. Das Öl in einer Pfanne heiß werden lassen und die Pilze darin anbraten, bis sie leicht Farbe annehmen. Nun die Zwiebelwürfel dazugeben, mit Salz und Pfeffer würzen. Nach ca. 5 Minuten mit dem Weißwein ablöschen und die Sahne hinzufügen. Einkochen lassen, bis die gewünschte Konsistenz erreicht ist. Mit Salz und Pfeffer abschmecken.

- Bratöl in einer hohen Pfanne auf 180 °C erhitzen und die Schnitzel nun schwimmend goldbraun ausbacken. Die Schnitzel mit den Ofenkartoffeln und der Sauce auf Tellern anrichten und mit der gehackten Petersilie verfeinern.

SÜSSKARTOFFEL-OMELETT

mit Avocado-Zucchini-Salat

2 PORTIONEN
FÜR DAS OMELETT:

- 300 g Süßkartoffeln
- 20 g frische Ingwerwurzel
- 1 EL Sesamsamen
- 1 TL Speisestärke
- Meersalz
- Pfeffer aus der Mühle
- Muskatnuss, frisch gerieben
- Fett zum Ausbacken

FÜR DEN AVOCADO-ZUCCHINI-SALAT:

- 150 g Sojasprossen
- 1 Zucchini
- ½ Bund Minze
- ½ Bund Koriander
- ½ Bund Frühlingszwiebeln
- 1 Avocado
- Saft von 2 Limetten
- 15 ml Olivenöl
- Meersalz
- Pfeffer aus der Mühle
- 30 g Cashewkerne

ZUBEREITUNGSZEIT:
30 MINUTEN

ZUBEREITUNG

- Für das Omelett Süßkartoffeln und Ingwer schälen, fein reiben und in einer Schüssel mit den Sesamsamen und Speisestärke vermengen. Mit Salz, Pfeffer und Muskat würzen.

- Für den Avocado-Zucchini-Salat Sojasprossen waschen. Zucchini waschen, putzen und in feine Stifte schneiden. Minze und Koriander waschen und trockenschütteln. Die Blätter abzupfen und fein hacken. Frühlingszwiebeln waschen, putzen und ebenfalls fein hacken. Avocado halbieren, entkernen und das Fruchtfleisch aus der Schale lösen. Mit einem scharfen Messer in Streifen schneiden. Limettensaft, Olivenöl, Salz und Pfeffer zu einem Dressing verrühren. Die Salatzutaten mit den Cashewkernen in einer Schüssel vermengen und mit dem Dressing beträufeln.

- In einer Pfanne das Fett zum Ausbacken des Omeletts erhitzen. Die Süßkartoffelmasse darin verteilen und 5 bis 6 Minuten backen. Vorsichtig wenden und weitere 5 bis 6 Minuten backen. Aus der Pfanne nehmen und kurz auf Küchenpapier entfetten. Den Avocado-Zucchini-Salat auf einer Hälfte verteilen und das Omelett zuklappen.

MEIN TIPP

- Es können mehrere Omeletts vorbereitet und im Backofen bei 60 bis 80 °C einige Minuten warmgehalten werden.

- Die Avocado ist eine meiner Lieblingsfrüchte, da sie reich an ungesättigten Fettsäuren und somit sehr gesund ist. Außerdem enthält sie die wertvollen Vitamine E und B6 sowie Magnesium und Biotin. Sie eignet sich sehr gut zum Binden kalter Suppen oder für cremige Aufstriche. Eine Avocado ist verzehrbereit, wenn die Schale auf Fingerdruck leicht nachgibt. Beim Kauf europäische Ware wählen.

SAUERKRAUT

mit Räuchertofu und Kartoffelstampf

4 PORTIONEN

- 600 g mehligkochende Kartoffeln
- Meersalz
- 2 mittelgroße Karotten
- 2 Zwiebeln
- 100 g Räuchertofu
- 70 g Margarine
- einige Lorbeerblätter
- einige Pimentkörner
- 500 g frisches Sauerkraut
- Pfeffer aus der Mühle
- 150 ml Kochcreme
- Muskatnuss, frisch gerieben

ZUBEREITUNGSZEIT: 30 MINUTEN

ZUBEREITUNG

- Kartoffeln schälen und in kleine Stücke schneiden. Reichlich Salzwasser in einem Topf zum Kochen bringen und die Kartoffelstücke darin weich garen.

- In der Zwischenzeit Karotten putzen und schälen, Zwiebeln abziehen. Karotten fein raspeln. 1 Zwiebel in feine Streifen schneiden. Tofu fein würfeln.

- In einem Topf 1 Esslöffel Margarine erhitzen und die Zwiebelstreifen mit dem Tofu darin glasig dünsten. Die geriebenen Karotten, etwas Lorbeer und Piment sowie das Sauerkraut dazugeben. Mit Salz und Pfeffer würzen und bei geringer Hitze köcheln lassen.

- Die gar gekochten Kartoffeln in ein Sieb abgießen. Restliche Margarine in einem weiteren Topf zerlassen. Restliche Zwiebel in feine Würfel schneiden und diese in der Margarine goldgelb schmoren lassen. Gegarte Kartoffeln, Kochcreme und Muskat dazugeben und alles mit einem Stampfer zerkleinern. Kartoffelstampf mit Salz und Pfeffer würzen, das Sauerkraut noch einmal mit Salz und Pfeffer abschmecken und alles heiß servieren.

MEIN TIPP

- Alternativ kann der Tofu auch im Ganzen angebraten und zwischen Kartoffelstampf und Sauerkraut serviert werden.

GEFLAMMTES GEMÜSE

mit Asiatischer Sauce

4 PORTIONEN

- 250 g Natur-Wildreis-Mischung
- ¼ Brokkoli
- 1 rote Paprikaschote
- 1 Zucchini
- 2 Stangen Sellerie
- ½ Fenchelknolle
- 1 Karotte
- 1 Zwiebel
- Sesamöl
- 1 TL grüne Currypaste
- 400 ml Kokosmilch
- Meersalz
- Zesten von ½ Bio-Orange
- 1 Bund Europagras für die Deko

ZUBEREITUNGSZEIT: 25 MINUTEN

ZUBEREITUNG

- Den Reis in ein Sieb geben und gründlich unter fließendem Wasser spülen. In einem Reiskocher mit 475 Milliliter Wasser fertigkochen.

- In der Zwischenzeit das Gemüse waschen, putzen und in grobe Stücke schneiden. Zwiebel abziehen und ebenfalls in grobe Stücke schneiden.

- Sesamöl in einem Wok bis kurz vor dem Rauchpunkt erhitzen. Currypaste hinzufügen und kurz anrösten. Das vorbereitete Gemüse dazugeben und etwa 2 Minuten bei starker Hitze braten. Mit Kokosmilch ablöschen, mit Salz und Orangenzesten würzen und nach Belieben noch mit Currypaste abschmecken.

- Europagras waschen und trockenschütteln. Reis auf einem Teller anrichten und das Gemüse um den Reis herum anlegen. Mit dem Europagras garniert servieren.

MEIN TIPP

- Europagras ist auch als Langer Koriander bekannt und hat einen ähnlichen Geschmack wie dieser. Erhältlich ist Europagras in gut sortierten Asia-Läden.

BBQ-BURGER

4 PORTIONEN

- 100 g Sojamedaillons
- Salz
- 50 ml Rapsöl
- ½ Knoblauchzehe
- ½ TL Paprikapulver
- ¼ TL Cayennepfeffer
- 1 Zweig Thymian
- 4 Rosmarinnadeln
- 1 TL Rauchsalz
- Pfeffer
- 4 Burgerbrötchen
- Salatblätter

FÜR DIE REMOULADE:

- 60 ml Sojadrink (ungesüßt)
- 1 TL Aceto balsamico bianco
- 1 EL BBQ-Sauce
- 120 ml Rapsöl
- 1 Schalotte
- ½ Bund Schnittlauch
- ½ TL Senf

FÜR DAS GRILLGEMÜSE:

- 1 Zwiebel
- 4 Tomaten
- 1 Aubergine
- 2 Paprikaschoten
- 4 Champignons
- 4 EL Walnussöl
- 3 EL Olivenöl
- ½ Knoblauchzehe
- ½ TL Cayennepfeffer
- ½ TL Oregano
- ½ TL Rohrohrzucker
- 1 TL Aceto balsamico bianco
- ½ TL Tomatenmark

ZUBEREITUNGSZEIT:
55 MINUTEN

ZUBEREITUNG

- Die trockenen Medaillons in eine Schüssel geben und mit kochendem Salzwasser überbrühen. Die Medaillons mit einem Teller beschweren, damit sie unter Wasser gedrückt werden, und für 30 Minuten ziehen lassen. In der Zwischenzeit die restlichen Zutaten in einem Mörser zu einer Marinade verarbeiten und mit Salz und Pfeffer kräftig würzen.

- Für die Remoulade den Sojadrink, den Balsamico und die BBQ-Sauce in ein hohes Gefäß geben. Mit einem Stand- oder Stabmixer alles auf höchster Stufe mixen und dabei das Öl langsam dazugeben, bis eine Remoulade entsteht. Die Schalotte häuten und in sehr feine Würfel schneiden. Den Schnittlauch waschen und in feine Röllchen schneiden. Schalotte und Schnittlauch mit dem Senf unter die Remoulade heben und mit Salz und Pfeffer abschmecken.

- Die Medaillons abgießen und mit den Händen vorsichtig ausdrücken. Die Marinade zu den ausgedrückten Medaillons geben, einmassieren und ziehen lassen.

- Für das Grillgemüse die Zwiebel schälen, die Tomaten sowie die Aubergine waschen und jeweils in dicke Scheiben schneiden. Die Paprikaschoten waschen, vierteln und entkernen. Die Champignons putzen und vom Stiel befreien. Das Walnuss- und Olivenöl mit den restlichen Gewürzen und Zutaten im Mörser zu einer Marinade verarbeiten und mit Salz und Pfeffer abschmecken. Das Gemüse in der Marinade schwenken und 5 Minuten ziehen lassen.

- Das Gemüse und die Medaillons auf einem Grill oder in einer Grillpfanne anbraten und zusammen mit den Salatblättern in den Burgerbrötchen servieren.

SOJAMEDAILLONS

mit Kartoffelsalat und gebratenen Zucchini

4 PORTIONEN
FÜR DEN KARTOFFELSALAT:

- 1 kg festkochende Kartoffeln
- Salz
- ¼ Bund Schnittlauch
- 100 g Zwiebeln
- 10 ml Öl
- 150 g Gewürzgurken
- 200 g vegane Mayonnaise (siehe Seite 265)
- 1 EL Senf
- Pfeffer

FÜR DIE ZUCCHINI:

- 4 EL Öl
- 1 Knoblauchzehe
- 2 Zucchini
- Salz
- 1 TL Thymian
- Zitronenpfeffer

FÜR DIE MEDAILLONS:

- 100 g Sojamedaillons (trocken)
- 50 ml Öl
- 1 Knoblauchzehe
- 1 EL Paprikapulver
- 1 TL Thymian
- ½ TL Rosmarin
- Salz
- Pfeffer

ZUBEREITUNGSZEIT:
65 MINUTEN +
7 MINUTEN BACKZEIT

ZUBEREITUNG

- Am Vortag den Kartoffelsalat vorbereiten: Die Kartoffeln in Salzwasser garkochen, anschließend pellen und in mittelgroße Scheiben schneiden. Den Schnittlauch in Röllchen schneiden. Die Zwiebeln schälen, fein würfeln, mit dem Öl in einer Pfanne glasig dünsten und dann zu den Kartoffelwürfeln geben. Die Gurken ebenfalls in feine Würfel schneiden und zu den Kartoffeln geben. Die Mayonnaise mit dem Senf und den Schnittlauchröllchen vermischen und anschließend unter die Kartoffelmasse heben. Mit Salz und Pfeffer abschmecken. Am besten über Nacht in den Kühlschrank stellen und vor dem Servieren erneut abschmecken. Gegebenenfalls mit etwas Gurkenwasser geschmeidiger machen. Die Sojamedaillons ebenfalls am Vortag in kochendem Salzwasser einweichen und quellen lassen.

- Für die Zucchini das Öl in einer Pfanne erhitzen. Die Knoblauchzehe schälen, mit der Rückseite eines Messers anquetschen und in dem Öl braten, bis sie bräunt und das Öl den Geschmack angenommen hat. Danach den Knoblauch wieder entfernen.

- Die Zucchini waschen und längs in dünne Scheiben schneiden. Das Knoblauchöl mit etwas Salz, dem gehackten Thymian und etwas Zitronenpfeffer mischen. Die Zucchinischeiben mit der Marinade einpinseln und im vorgeheizten Backofen bei 180 °C für ca. 7 Minuten backen.

- Überschüssiges Wasser von den Medaillons abgießen und vorsichtig ausdrücken. Das Öl mit den restlichen Zutaten in einem Mixer zu einer Marinade pürieren und die Medaillons darin marinieren. Anschließend in einer heißen Pfanne braun braten und auf Küchenpapier abtropfen lassen.

- Die Medaillons auf einem Teller mit dem Kartoffelsalat und den gebackenen Zucchinischeiben arrangieren und servieren.

Mangold-Kartoffel-AUFLAUF

4 PORTIONEN

- 1,5 kg festkochende Kartoffeln
- Salz
- 1 kg Mangold
- 1 Zwiebel
- 1 EL Rapsöl
- 2 EL Albaöl
- 750 ml Kochcreme
- Muskat
- 1 Zweig Thymian
- Pfeffer
- 100 g Schmelzkäsealternative

ZUBEREITUNGSZEIT:
45 MINUTEN +
35 MINUTEN BACKZEIT

ZUBEREITUNG

- Die Kartoffeln schälen, in Scheiben schneiden und in genügend Salzwasser 12 Minuten kochen lassen. Anschließend abgießen, ausdämpfen und abkühlen lassen.

- Den Mangold waschen, die Blätter in grobe Streifen und die Stiele in feine Streifen schneiden. Salzwasser aufkochen, die Blätter darin für 2 Minuten dünsten und danach in Eiswasser abschrecken. Die Zwiebel schälen und in feine Würfel schneiden. Das Rapsöl mit dem Albaöl mischen und 2 Esslöffel davon in einer Pfanne erhitzen. Die Zwiebelwürfel mit den Mangoldstielen anschwitzen, bis diese glasig sind. Anschließend die Mangoldblätter dazugeben, andünsten und mit Kochcreme aufgießen. Alles für 2 Minuten köcheln lassen, mit Muskat, Thymian, Salz und Pfeffer würzen.

- Die Kartoffelscheiben mit der Mangoldcreme mischen, in eine gefettete Auflaufbackform geben und mit der Schmelzkäsealternative bestreuen. In einem auf 190 °C vorgeheizten Umluftbackofen für 35 Minuten backen.

CHAMPIGNONS

im Teigmantel mit Remoulade

4 PORTIONEN
FÜR DIE CHAMPIGNONS:

- 500 g braune Champignons
- Rapsöl zum Ausbacken

FÜR DEN AUSBACKTEIG:

- 200 g Weizenmehl Type 405
- 40 g Kichererbsenmehl
- ½ TL Majoran
- 200 ml Milchalternative
- Salz
- Pfeffer

FÜR DIE REMOULADE:

- 2 Gewürzgurken
- ½ Zwiebel
- ½ TL Kapern
- 1 EL Schnittlauch
- 1 EL Petersilie
- 200 g Mayonnaise (siehe Seite 265)
- ½ TL Senf (mittelscharf)
- Salz
- Pfeffer

ZUBEREITUNGSZEIT:
30 MINUTEN

ZUBEREITUNG

- Die Champignons putzen (nicht waschen) und zur Seite stellen. Für den Ausbackteig die beiden Mehle in einer Schüssel mit dem Majoran und der Milchalternative verrühren. Der Teig sollte nicht zu flüssig sein, da er sonst nicht an den Champignons haftet, und auch nicht zu dick, da sonst zu viel Teig den Geschmack der Pilze überdeckt. Die Teigmischung mit Salz und Pfeffer würzen.

- Für die Remoulade die Gurken, geschälte Zwiebel, Kapern und Kräuter sehr fein hacken und anschließend mit der Mayonnaise vermischen. Mit Senf, Salz und Pfeffer abschmecken.

- In einem kleinen Topf oder einer Fritteuse so viel Öl auf ca. 170°C erhitzen (ein Infrarot-Thermometer nutzen), dass die Champignons darin schwimmen können. Die Champignons durch den Teig ziehen, bis sie komplett bedeckt sind, kurz abtropfen lassen und anschließend im heißen Öl braun ausbacken.

- Die Champignons noch heiß und kross mit der Remoulade servieren.

MEIN TIPP

- Zum Ausbacken empfehle ich reine Fette, da diese kein Wasser enthalten und somit hervorragend geeignet sind. Olivenöl ist nicht geeignet, da der Rauchpunkt sehr gering ist. Die richtige Temperatur ist erreicht, sobald ein Holzspieß im Fett Blasen wirft.

RAGOÛT FIN

4 PORTIONEN

- 100 g Sunflower Chunks
- Salz
- 20 ml Rapsöl
- ½ TL Cayennepfeffer
- Salz
- Pfeffer
- 1 weiße Zwiebel
- 100 g Champignons
- 40 g Margarine
- 100 ml Weißwein
- 200 ml Gemüsefond (siehe Seite 264)
- 200 ml Kochcreme
- 50 ml Zitronensaft
- Pfeffer
- 50 g geriebener veganer Schmelzkäse
- Worcestersauce
- 4 Scheiben geröstetes Toastbrot

ZUBEREITUNGSZEIT:
50 MINUTEN +
15 MINUTEN BACKZEIT

ZUBEREITUNG

- Die Sunflower Chunks mit kochendem Salzwasser übergießen und 30 Minuten quellen lassen. Das Öl mit Cayennepfeffer, Salz und Pfeffer mischen. Chunks abgießen, ausdrücken und mit dem gewürzten Öl vermischen. Zwiebeln und Champignons putzen und in Würfel bzw. Scheiben schneiden.

- Die Margarine in einer Pfanne erhitzen, die Zwiebel, Champignons und marinierte Chunks darin leicht anbraten und mit Weißwein ablöschen. Weißwein verkochen lassen, mit Gemüsefond und Kochcreme aufgießen und cremig einkochen lassen.

- Mit etwas Zitronensaft, Salz und Pfeffer abschmecken. Das sämige Ragout in kleine Pastetenförmchen füllen und mit geriebenem veganem Schmelzkäse bestreuen.

- Die Förmchen bei 200 °C für ca. 15 Minuten auf dem Rost im vorgeheizten Umluftofen überbacken.

- Vor dem Essen mit Zitronensaft und Worcestersauce individuell abschmecken. Mit geröstetem Toastbrot servieren.

MEIN TIPP

- Das Ragout kann auch in Blätterteig gebacken werden.

BLÄTTERTEIGSCHIFFCHEN

mit Sonnenblumenhack

4 PORTIONEN

- 60 g Sunflower Hack (trocken)
- 1 TL Paprikapulver (edelsüß)
- ¼ Zweig Thymian
- Salz
- Pfeffer
- 1 Zwiebel
- ½ Karotte
- 6 EL Rapsöl
- 50 g veganer Schmelzkäse
- ½ Knoblauchzehe
- ½ Bund Schnittlauch
- 1 Pck. Blätterteig

ZUBEREITUNGSZEIT:
35 MINUTEN +
12 MINUTEN BACKZEIT

ZUBEREITUNG

- Das Sunflower Hack, Paprikapulver, Thymian, Salz und Pfeffer in eine Schüssel geben. Mit so viel kochendem Wasser übergießen, bis alles benetzt ist, und 5 Minuten quellen lassen.

- Die Zwiebel und die Karotte in sehr feine Würfel schneiden. Das Rapsöl in einer großen beschichteten Pfanne erhitzen und das Sunflower Hack hinzugeben und scharf anbraten. Sobald es Farbe bekommt, die Zwiebel- und Karottenwürfel in die Pfanne geben und alles schön krossbraten.

- Die Pfanne vom Herd ziehen und den geriebenen veganen Käse dazugeben. Den Knoblauch schälen und fein reiben. Den Schnittlauch waschen, in kleine Röllchen schneiden und mit dem Knoblauch unter die Sonnenblumenhackmasse mischen. Während die Masse abkühlt, den Blätterteig aus dem Kühlschrank nehmen und in Vierecke schneiden.

- Das Sunflower Hack auf die Blätterteigplatten verteilen, dabei an den Rändern einen breiten Streifen freilassen. In der Mitte dieses Streifens den Teig parallel zur Kante einschneiden, dabei an zwei gegenüberliegenden Ecken unterbrechen. Den eingeschnittenen Rand hochklappen, sodass der Teig sich an den beiden nicht eingeschnittenen Ecken überlappt.

- Die Blätterteigschiffchen anschließend im vorgeheizten Umluftofen bei 180 °C Umluft auf mittlerer Schiene für ca. 12 Minuten backen. Noch warm servieren, damit der Blätterteig schön kross ist.

KÜRBISRISOTTO

4 PORTIONEN

- ½ Hokkaido-Kürbis
- 2 EL Olivenöl
- ½ TL Currypulver
- ½ TL Thymian
- Salz
- Pfeffer
- 1 Zwiebel
- 1 Karotte
- 50 g Margarine
- 220 g Risottoreis
- 1 Stange Zitronengras
- 150 ml Weißwein
- 800 ml Gemüsefond (siehe Seite 264)
- 40 g Würzhefeflocken
- 75 ml Kochcreme
- 4 EL Kürbiskerne

ZUBEREITUNGSZEIT: 50 MINUTEN

ZUBEREITUNG

- Den Hokkaido entkernen und die Hälfte des Kürbisses in Würfel schneiden. Die andere Hälfte in Streifen schneiden und diese mit dem Olivenöl, Currypulver, Thymian, Salz und Pfeffer marinieren.

- Die Zwiebel und die Karotte schälen und in feine Würfel schneiden. Die Margarine in einem Topf auslassen und den Reis, die Kürbis-, Zwiebel-, und Karottenwürfel darin anschwitzen. Das Zitronengras mit dem Messerrücken andrücken und ebenfalls in den Topf geben. Mit etwas Salz und Pfeffer würzen. Darauf achten, dass der Reis keine Farbe bekommt. Alles mit Weißwein ablöschen und unter ständigem Rühren einkochen lassen.

- Nun den Gemüsefond schöpfkellenweise dazugeben und immer wieder einkochen lassen. Je mehr der Risotto dabei gerührt wird, desto cremiger wird das Ergebnis. So lange Gemüsefond hinzugeben, bis der Reis den richtigen Biss hat. Zum Schluss die Würzhefe und Kochcreme hinzufügen und alles mit Salz und Pfeffer abschmecken.

- Zum Schluss die marinierten Kürbisstreifen in einer heißen Pfanne anbraten oder diese bei 180 °C für ca. 7 Minuten im vorgeheizten Umluftofen backen.

- Den Risotto mit den gebratenen Kürbisstreifen und den Kürbiskernen anrichten und servieren.

MEIN TIPP

- Um den Kürbiskernen etwas Pfiff zu geben, diese in einer Pfanne ohne Fett anrösten und ganz zum Schluss einen Spritzer Salzwasser hinzugeben.

RAVIOLI

mit Pilzfüllung

4 PORTIONEN
FÜR DEN PASTATEIG:

- 75 g Weizenmehl Type 405
- 150 g Hartweizengrieß
- 150 ml Wasser
- 1 TL Essig
- 1 EL Olivenöl

FÜR DIE FÜLLUNG:

- 300 g Kartoffeln (festkochend)
- 3 Schalotten
- 150 g Kräuterseitlinge
- 100 g Austernpilze
- Öl zum Braten
- Salz
- Pfeffer
- ½ Bund Petersilie
- 1 Msp. Muskat

FÜR DEN SPINAT:

- 75 g Pinienkerne
- 50 g Kräuterseitlinge
- 1 Schalotte
- 2 EL Olivenöl
- Salz
- Pfeffer
- 500 g Blattspinat
- 10 Kirschtomaten
- Muskat

ZUBEREITUNGSZEIT:
85 MINUTEN

ZUBEREITUNG

- Für den Pastateig alle Zutaten in einer Küchenmaschine oder per Hand zu einem Teig verkneten und verschlossen für mindestens 1 Stunde in den Kühlschrank legen.

- In der Zwischenzeit die Kartoffeln garkochen, anschließend pellen und durch eine Kartoffelpresse drücken. Die Schalotten schälen und fein würfeln. Die Pilze putzen und in grobe Stücke schneiden.

- Das Öl in einer Pfanne erhitzen und die Pilze darin anbraten. Sobald die Pilze Farbe annehmen, die Schalottenwürfel hinzufügen. Mit Salz und Pfeffer würzen. Die Petersilie waschen, hacken und mit den angebratenen Pilzen zur Kartoffelmasse geben. Mit Muskat, Salz und Pfeffer würzen.

- Nun den Teig mit einer Pastamaschine oder einem Nudelholz zu zwei gleich großen Teigplatten verarbeiten. Auf die untere Teigplatte Häufchen von der Kartoffel-Pilz-Masse geben. Einen Backpinsel anfeuchten und damit über die freien Teigstellen streichen, um eine Bindung zur oberen Platte herzustellen. Jetzt die zweite Platte über die erste legen und die Teigplatten leicht andrücken. Mit einem passenden Förmchen die Ravioli ausstechen.

- Einen großen Topf mit Salzwasser aufsetzen. Wenn das Wasser kocht, die Ravioli darin für ca. 3-5 Minuten garen.

- In einer Pfanne die Pinienkerne ohne Öl anrösten. Anschließend die Kräuterseitlinge und die geschälte Schalotte in dünne Streifen schneiden und mit Olivenöl goldgelb anbraten. Mit Salz und Pfeffer würzen. Den Blattspinat und die Kirschtomaten hinzufügen und alles gemeinsam dünsten. Mit Muskat, Salz und Pfeffer abschmecken.

- Den Spinat auf Teller geben, die Ravioli darauf verteilen.

GEMÜSEQUICHE
mit Salsa

4 PORTIONEN
FÜR DEN TEIG:

- 200 g Dinkelmehl Type 630
- 80 ml Wasser
- 100 g Margarine
- 1 Prise Salz
- trockene Linsen oder Erbsen zum Blindbacken

FÜR DIE FÜLLUNG:

- 2 Karotten
- 1 Zucchini
- ½ Paprika
- 100 g Champignons
- 4 Frühlingszwiebeln
- Olivenöl zum Braten
- ½ TL Thymian
- Salz
- Pfeffer
- 300 g ungesüßte Joghurtalternative
- 2 EL Speisestärke
- 50 g Margarine
- 100 g veganer Schmelzkäse

FÜR DIE SALSA:

- 4 reife Tomaten
- 1 rote Zwiebel
- 1 große rote Chilischote (entkernt)
- 3 Stängel frischer Koriander
- 1 EL Limettensaft

ZUBEREITUNGSZEIT:
35 MINUTEN +
45 MINUTEN BACKZEIT

ZUBEREITUNG

- Aus Dinkelmehl, Wasser, kalter Margarine und Salz einen Mürbeteig in der Küchenmaschine zubereiten.

- Für die Füllung das Gemüse putzen, waschen und in kleine Stücke schneiden. Kurz mit etwas Olivenöl andünsten, kräftig mit Thymian, Salz und Pfeffer würzen und abkühlen lassen.

- Den Teig ausrollen und eine gefettete Springform (ø 20 cm) damit auskleiden. Backpapier in gleicher Größe ausschneiden, auf den Teig legen, mit den Linsen belegen. Im vorgeheizten Umluftofen bei 180 °C 10 Minuten vorbacken. Danach Papier und Linsen entfernen.

- Die Joghurtalternative mit der Stärke und der geschmolzenen Margarine verrühren und anschließend mit Salz und Pfeffer abschmecken. Die Masse mit dem Gemüse vermengen und auf dem vorgebackenen Teigboden verteilen. Zum Schluss den veganen Schmelzkäse über die Quiche geben und bei 180 °C etwa 45 Minuten im Umluftofen goldbraun backen.

- In der Zwischenzeit für die Salsa die Tomaten, geschälte Zwiebel, Chilischote und Koriander sehr fein hacken und mit dem Limettensaft vermengen. Zur fertigen Quiche reichen.

SPARGEL

mit Sauce hollandaise und Petersilienkartoffeln

6 PORTIONEN

- 1 kg vorwiegend festkochende Kartoffeln
- Salz
- 1 EL Rohrohrzucker
- 100 g Margarine
- 2 kg weißer Spargel

FÜR DIE SAUCE:

- 300 ml kalter Gemüsefond (siehe Seite 264)
- 2 EL Speisestärke
- 300 ml Kochcreme
- 20 ml Weißwein
- 1 TL Senf
- 1 EL Zitronensaft
- 1 Msp. Kurkuma
- 1 Msp. Cayennepfeffer
- Pfeffer

ZUBEREITUNGSZEIT:
45 MINUTEN

ZUBEREITUNG

- Die Kartoffeln schälen, halbieren und in kochendem Salzwasser ca. 25 Minuten bissfest garen.

- In einem großen Topf Salzwasser mit dem Rohrohrzucker und einer Messerspitze Margarine aufkochen. Den Spargel schälen, die Enden abschneiden, die Stangen mit Zwirn zu Bündeln schnüren und in das kochende Wasser geben. Nach 10 bis 12 Minuten ist der Spargel bissfest und kann aus dem Wasser genommen werden.

- Etwas Gemüsefond mit der Speisestärke vermischen. Die restlichen Zutaten in einem Topf vorsichtig zum Kochen bringen und die Speisestärke unter ständigem Rühren hinzugeben, bis die Sauce abgebunden hat. Mit Salz und Pfeffer abschmecken.

- Den Spargel mit den Kartoffeln zusammen anrichten und mit der Sauce hollandaise übergießen.

MEIN TIPP

- Eine besonders leckere Variation der Kartoffel ist die Petersilienkartoffel. Für die Petersilienkartoffeln etwas Margarine in einer Pfanne erhitzen und die Kartoffeln dazugeben. Sobald die Kartoffeln leicht Farbe annehmen, grob gehackte Petersilie dazugeben und kurz mitbraten.

LINSENPFANNE

mit Tomate und Zucchini

4 PORTIONEN

- 2 Zucchini
- 2 gelbe Paprikaschoten
- ½ Knoblauchzehe
- 2 Frühlingszwiebeln
- 2 Stängel Liebstöckel
- 2 Zweige Thymian
- 1 Bund Basilikum
- Olivenöl zum Braten
- 4 Blätter Salbei
- 500 g rote Linsen
- Salz
- Pfeffer
- 4 Tomaten
- 400 ml Gemüsefond (siehe Seite 264)
- 1 TL Speisestärke
- 125 g Feta-Alternative

ZUBEREITUNGSZEIT: 45 MINUTEN

ZUBEREITUNG

- Zucchini und Paprika waschen, putzen und in kleine Würfel schneiden. Den frischen Knoblauch schälen und fein hacken. Die Frühlingszwiebeln in dünne Ringe schneiden. Liebstöckel und Thymian hacken, das Basilikum mit den Händen grob zerpflücken.

- In einem Topf das Öl erhitzen und die Gemüsewürfel sowie die Salbeiblätter darin anschwitzen. Nach ca. 3 Minuten die Linsen, den Knoblauch, Liebstöckel, Thymian sowie die Frühlingszwiebeln in den Topf geben. Mit etwas Salz und Pfeffer würzen und weitere 3 Minuten andünsten.

- Nun die Tomaten klein würfeln. Die Tomatenwürfel in den Topf geben, anschließend mit dem Gemüsefond ablöschen und mit dem Basilikum würzen. Alles für ca. 10 Minuten auf kleiner Flamme köcheln lassen. Die Stärke in kaltes Wasser einrühren und unter ständigem Rühren in den Topf geben. Die Feta-Alternative in feine Würfel schneiden, dazugeben und alles mit Salz und Pfeffer abschmecken.

MEIN TIPP

- Um den Kürbiskernen etwas Pfiff zu geben, diese in einer Pfanne ohne Fett anrösten und ganz zum Schluss einen Spritzer Salzwasser hinzugeben.

DESSERTS UND SÜSSSPEISEN

SCHOKOBISKUIT

mit Tiramisucreme

FÜR CA. 15 BISKUITSTANGEN

- 1050 g Biskuitteig (Zubereitung siehe Seite 262)
- 1 TL Kakaopulver, schwach entölt
- 1 TL lösliches Kaffeepulver
- 100 g Rohrohrzucker
- 250 ml Milchalternative
- ½ Päckchen Vanillepuddingpulver
- 250 g vegane Schlagcreme
- 1 Päckchen Vanillezucker
- Kakaopulver zum Bestäuben

ZUBEREITUNGSZEIT: 45 MINUTEN

ZUBEREITUNG

- Den Biskuitteig nach Anleitung zubereiten und mit Kakao- und Kaffeepulver verfeinern. Auf einem eingefetteten Backblech den Teig dünn ausstreichen und bei 170 °C ca. 15 Minuten im vorgeheizten Umluftofen backen. Etwas abkühlen lassen, in Streifen schneiden, in Rohrohrzucker wälzen und noch mal bei 180 °C 5 Minuten auf einer Silikonbackmatte nachbacken.

- 200 ml Milchalternative mit dem Rest des Rohrohrzuckers in einem Topf zum Kochen bringen. Das Vanillepuddingpulver in die restliche kalte Milchalternative und unter ständigem Rühren in den Topf geben. Für mindestens 1 Minute köcheln lassen und anschließend abkühlen lassen.

- In der Zwischenzeit die Sahne mit dem Vanillezucker steif schlagen und unter die kalte Puddingcreme heben. Zum Servieren die Creme mit Kakaopulver bestäuben und zu den Biskuitstangen servieren.

PFANNKUCHEN

4 PORTIONEN

- 250 g Mehl
- 1 Pck. Weinsteinbackpulver
- 300 ml Milchalternative
- 100 ml Kochcreme
- 2 EL Rohrohrzucker
- 1 Msp. Zimt
- 1 Prise Salz
- 2 EL Rapsöl

ZUBEREITUNGSZEIT: 20 MINUTEN

ZUBEREITUNG

- Das Mehl mit dem Weinsteinbackpulver in eine Schüssel sieben und mit der Milchalternative, der Kochcreme, dem Rohrohrzucker, Zimt und Salz zu einem leicht zähflüssigen Teig verarbeiten.

- Das Öl in einer antihaftbeschichteten Pfanne erhitzen.

- Immer so viel Teig in die Pfanne geben, dass der Boden bedeckt ist. Wenn der Rand beginnt, sich dunkler zu färben, und kleine »Löcher« im Teig auftauchen, vorsichtig wenden. Die fertigen Pfannkuchen auf einen Teller schichten und im Ofen bei niedrigster Stufe warmhalten, bis der ganze Teig ausgebacken ist.

MEIN TIPP

- Pfannkuchen werden je nach Region Plinse, Eierkuchen oder auch Palatschinken genannt. Unterschiede gibt es in der Füllung, aber auch bei den Zutaten, die geringfügig variieren. Bei uns zu Hause gab es immer frisch gebackene Plinsen mit Apfelmus und/oder Zimt und Rohrohrzucker. In manchen Regionen isst man die Eierkuchen aber auch mit deftiger Füllung.

- Zu den Pfannkuchen passen hervorragend Apfelmus, Zimt und Zucker, aber auch Schokoladenaufstrich oder Fruchtsorbet.

ERDBEERTIRAMISU

8 PORTIONEN À 225 ML
FÜR DEN BISKUITTEIG:

- ¼ Vanilleschote
- 25 g Rohrohrzucker
- 50 ml Wasser mit Kohlensäure
- 2 EL neutrales Rapsöl
- ¾ TL Weinsteinbackpulver
- 70 g Weizenmehl Type 405

FÜR DIE ERDBEERCREME:

- ½ Vanilleschote
- 200 ml Milchalternative
- 2 EL Rohrohrzucker
- 2 TL Speisestärke
- 160 g Erdbeeren
- Rohrohrzucker
- 160 ml Schlagcreme

FÜR DAS TIRAMISU:

- 75 g Erdbeeren
- Erdbeercreme
- Biskuitteig
- Espresso (kalt, gesüßt) zum Tränken

ZUBEREITUNGSZEIT:
45 MINUTEN

ZUBEREITUNG

- Für den Teig die Vanilleschote halbieren und das Mark herauskratzen. Dann alle Zutaten bis auf das Mehl in einer Küchenmaschine oder mit einem Handrührgerät verrühren und anschließend das Mehl mit einem Rührlöffel unterheben. Den Teig in eine Silikonbackform geben und im vorgeheizten Umluftofen bei 165 °C auf mittlerer Schiene 15 bis 20 Minuten goldgelb backen.

- Für die Erdbeercreme Vanilleschote längs halbieren, das Mark herauskratzen und mit drei Vierteln der Milchalternative und dem Rohrohrzucker aufkochen. Die Speisestärke mit der restlichen Milch verrühren und unter ständigem Rühren in die kochende Milchalternative geben. 1 Minute köcheln lassen, dann vom Herd nehmen und abkühlen lassen.

- Die Erdbeeren putzen, mit etwas Rohrohrzucker nach Belieben pürieren und anschließend durch ein feines Sieb streichen. Die Schlagcreme aufschlagen. Den Pudding mit einem Schneebesen gründlich durchrühren und das Erdbeermus untermischen. Diese Mischung vorsichtig unter die aufgeschlagene Schlagcreme heben.

- Für das Tiramisu die Erdbeeren waschen, putzen und in Viertel schneiden. Etwas Erdbeercreme in ein Glas füllen, die marinierten Erdbeeren daraufgeben, den Biskuit in Stücken darauflegen und mit Espresso tränken. Mit Erdbeercreme abschließen und nach Wunsch dekorieren.

FEIGEN-BAKLAVA

FÜR 1 BLECH

- 24 Blätter Filoteig
- Rapsöl zum einstreichen

FÜR DIE NUSSMASSE:

- 150 g getrocknete Feigen
- 250 g gemahlene Walnüsse
- 100 g Walnüsse, grob gehackt
- ½ TL Zimtpulver
- ¼ TL Nelkenpulver
- 50 g Zucker

FÜR DEN ZUCKERSIRUP:

- 100 g Rohrohrzucker
- 50 ml Wasser
- 2 EL Agavendicksaft
- 1 Stück Zitronenschale

**ZUBEREITUNGSZEIT:
25 MINUTEN + 20 MINUTEN BACKZEIT**

ZUBEREITUNG

- Die Feigen klein schneiden und mit den restlichen Zutaten für die Nussmasse vermischen. Ein Backblech (ca. 25 × 25 cm) einölen.

- 1 Blatt Filoteig auf das Blech legen und einölen. Den Vorgang wiederholen, bis 8 Blätter übereinanderliegen. ⅓ der Nussmasse darauf verteilen und nochmals 4 Teig-Öl-Schichten auflegen. Dieses Vorgehen wiederholen und als letzte Schicht wieder 8 Blätter verwenden. Die Baklava schneiden und bei 200 °C für 20 Minuten im Ofen backen, bis der Teig knusprig und bronzefarben ist.

- In der Zwischenzeit den Zuckersirup vorbereiten. Alle Zutaten in einem Topf für 15 Minuten köcheln lassen. Den Zuckersirup sofort auf die heißen Baklava gießen und mindestens 4 Stunden stehen lassen. Vor dem Servieren die Zitronenschale von den Baklava nehmen.

MEIN TIPP

- Granatapfelkerne geben nicht nur einen schönen Kontrast zu dem goldgelben Baklava, sondern schmecken zusammen hervorragend.

HIRSEPUDDING

mit gepfefferten Sauerkirschen

6 PORTIONEN

- 400 ml Milchalternative
- Saft und Zesten von 1 Bio-Orange
- 1 Prise Meersalz
- 80 g Rohrohrzucker
- 200 g Hirse
- 50 g Margarine
- Fett und Rohrohrzucker für die Förmchen
- 1 Glas Sauerkirschen (350 g Abtropfgewicht)
- 1 EL Speisestärke
- 1 Prise Szechuanpfeffer aus der Mühle

ZUBEREITUNGSZEIT: 20 MINUTEN + 30 MINUTEN KÜHLZEIT

ZUBEREITUNG

- Milchalternative mit Orangensaft und -zesten sowie Salz und Zucker aufkochen. Hirse dazugeben, nochmals aufkochen und etwa 5 Minuten köcheln lassen, bis die Hirse al dente ist. Vom Herd ziehen und quellen lassen.

- Die Margarine unterheben und die Hirse auflockern. Den Pudding in gefettete und gezuckerte Förmchen geben. Kühl stellen.

- Kirschen in einem Sieb abtropfen lassen, dabei den Saft auffangen. ¾ des Safts in einem Topf zum Kochen bringen und mit etwas Zucker abschmecken. Die Stärke mit dem restlichen Saft vermischen und unter ständigem Rühren in den kochenden Kirschsaft geben. Mit Szechuanpfeffer würzen und zum Schluss die Kirschen zum gebundenen Saft hinzufügen. Die gepfefferten Sauerkirschen zum Hirsepudding reichen.

MEIN TIPP

- Hirse wird von vielen Menschen als Vogelfutter abgetan, obwohl dieses Getreide eine extrem positive Wirkung auf den menschlichen Körper hat. Hirse ist reich an Eisen und Magnesium und enthält kein Gluten. Daher ist sie auch so gut verträglich.

- Szechuanpfeffer ist mit seinem zitronig-scharfen Geschmack für mich ein wundervoller Pfeffer für den Dessertbereich.

FRENCH TOAST

mit Mandeln und Erdbeeren

6 PORTIONEN

- 500 g Erdbeeren
- 150 g Rohrohrzucker
- Mark von 1 Vanilleschote
- 1 Baguette vom Vortag
- 60 g Mandelstifte
- 50 g Dinkelmehl Typ 630
- Meersalz
- 250 g Milchalternative
- 100 ml Rapsöl zum Ausbacken
- 1 Stängel Basilikum
- 20 ml Ahornsirup

ZUBEREITUNGSZEIT: 25 MINUTEN

ZUBEREITUNG

- Erdbeeren waschen und putzen. Die Hälfte der Erdbeeren fein pürieren, die andere Hälfte in grobe Stücke schneiden. Die Stücke mit 50 Gramm Rohrohrzucker und dem Vanillemark vermengen.

- Baguette in Scheiben schneiden. Mandelstifte, restlichen Rohrohrzucker, Dinkelmehl, Salz und Milchalternative zu einer dickflüssigen Masse verarbeiten. Die Baguettescheiben durch die Masse ziehen und abtropfen lassen. Das Öl in einer Pfanne auf 160 °C erhitzen und die Brotscheiben darin ausbacken.

- Zum Servieren den Toast auf Teller geben und die Erdbeerstücke anlegen. Nach Wunsch mit Erdbeerpüree umgießen. Basilikum waschen und trockenschütteln. Die Blätter abzupfen und mit dem Ahornsirup über den Toast geben.

MEIN TIPP

- Eier können in solchen Rezepten gut durch Mehl und Stärke, aber auch Ei-Alternativen ausgetauscht werden, da es um die Bindung geht. Der Ahornsirup gibt dem Gericht einen schönen Touch von Karamell.

LIMETTEN-KOKOS-TRAUM

12 PORTIONEN

- 50 g Kokosfett
- 100 g frische Datteln
- 1 Prise Meersalz
- 200 g Kokosflocken
- 200 ml gesüßte Schlagcreme
- 100 g Mandelblättchen
- 2 Bio-Limetten

ZUBEREITUNGSZEIT: 20 MINUTEN + 2 STUNDEN KÜHLZEIT

ZUBEREITUNG

- Kokosfett in einem Topf leicht erwärmen. Datteln entkernen und in einer Küchenmaschine fein pürieren. Mit dem Salz und den Kokosflocken zum Fett geben. Eine Kuchenform (19 cm Ø) mit Backpapier auslegen und die Kokos-Dattel-Mischung darin verteilen. Leicht andrücken.

- Schlagcreme in einer Küchenmaschine aufschlagen. In der Zwischenzeit eine Pfanne ohne Öl erhitzen und die Mandelblättchen darin goldbraun rösten. Feine Zesten von den Limetten ziehen und die Limetten anschließend auspressen. Den Saft unter die geschlagene Sahne heben und diese auf dem Kokos-Dattel-Boden verteilen.

- Limettenzesten und Mandelblättchen über die Torte streuen. Alternativ kann die Torte statt mit Mandelblättchen auch mit einer Limettenscheibe und Dattelhälften garniert werden. Den Limetten-Kokos-Traum mindestens 2 Stunden, am besten aber über Nacht im Kühlschrank aushärten lassen.

MEIN TIPP

- Ofen kaputt und trotzdem Lust auf Kuchen? Kein Problem mit diesem Rezept. Ihr könnt es in Rohkostqualität zubereiten, indem ihr die Sahne durch Cashewcreme ersetzt. Dafür 250 Gramm Cashewnüsse über Nacht in Wasser einweichen und dann mit Datteln, Vanille, Zitrone, Kokosfett und Minze zu einer Creme verarbeiten. Das Kokosfett härtet im Kühlschrank aus, die Creme wird schnittfest.

MANDELSCHMARRN

4 PORTIONEN

- 3 Ei-Ersatz
- 30 g Puderzucker
- 1 Prise Meersalz
- 1 Päckchen Vanillezucker
- 375 ml Mandeldrink
- 6 EL Rapsöl
- 125 g Weizenmehl Typ 405
- 1 Päckchen Backpulver
- Puderzucker zum Bestäuben

ZUBEREITUNGSZEIT: 25 MINUTEN

ZUBEREITUNG

- Ei-Ersatz nach Herstellerangaben vorbereiten und mit Puderzucker, Salz und Vanillezucker schaumig schlagen. Mandeldrink, 2 Esslöffel Öl, Mehl und Backpulver hinzugeben und alles gut vermischen. 15 Minuten quellen lassen.

- Eine Pfanne mit dem restlichen Öl erhitzen und den Teig portionsweise von beiden Seiten goldgelb backen. Anschließend mit dem Pfannenwender in Stücke rupfen. Mit Puderzucker bestäuben und bei 200 °C 3 Minuten im Ofen backen. Noch warm servieren. Nach Wunsch mit gerösteten Mandelstiften garnieren.

MEIN TIPP

- Dazu passt ein Preiselbeerdip oder Marmelade. Ihr habt im Frühjahr oder Sommer viel Obst übrig? Dann weckt es doch einfach nach Belieben ein. So könnt ihr mit Gewürzen experimentieren und eure ganz persönlichen Kreationen schaffen. Vegane Bindung bekommt ihr über Pektin oder Gelierzucker.

SCHOKOMOUSSE

mit Beeren

4 PORTIONEN

- 100 g dunkle Kuvertüre (75 % Kakao)
- 100 ml Kochcreme
- 200 ml gesüßte Schlagcreme
- 200 g frische gemischte Beeren, z. B. Himbeeren, Brombeeren, Rote Johannisbeeren und/oder Blaubeeren
- 2 EL Rohrohrzucker

ZUBEREITUNGSZEIT: 15 MINUTEN + CA. 2 STUNDEN KÜHLZEIT

ZUBEREITUNG

- Die Kuvertüre fein hacken. In einem Topf die Kochcreme auf 55 °C erwärmen und die gehackte Schokolade in der Kochcreme schmelzen.

- Schlagsahne aufschlagen und die Kuvertüre-Sahne-Mischung unterheben. Die Schokomousse für etwa 2 Stunden in den Kühlschrank stellen.

- In der Zwischenzeit die Beeren waschen und vorsichtig trockentupfen. Zucker in einen Topf geben und bei mittlerer Hitze karamellisieren lassen. Die Hälfte der Beeren dazugeben und einköcheln lassen. Die Mischung pürieren, durch ein Sieb passieren und anschließend die restlichen Beeren unterheben. Schokomousse und Beeren auf Tellern anrichten und servieren.

MEIN TIPP

- Ein Klassiker in der Küche, der nichts von seinem Charme verloren hat. Ich liebe die Mousse herb und weniger süß. Daher ist für mich wichtig, dass der Kakaoanteil sehr hoch ist. Die Süße, aber auch Schärfe könnt ihr über das Obst und Gewürze steuern – z. B. mit Szechuanpfeffer oder Chili.

WALDMEISTERPARFAIT

4 PORTIONEN
FÜR 400 ML WALDMEISTER-SIRUP:

- 20 Stängel Waldmeister
- 350 g Zucker
- 150 ml Wasser

FÜR DAS PARFAIT:

- 150 g Joghurtalternative
- 2 EL Rohrohrzucker
- 8 EL Waldmeistersirup
- 250 ml Schlagcreme

- Öl für die Form

ZUBEREITUNGSZEIT:
20 MINUTEN + 4 STUNDEN RUHEZEIT

ZUBEREITUNG

- Für den Sirup die Stängel des Waldmeisters an einem warmen Ort aufhängen und 3 Tage trocknen lassen oder im Backofen bei 60 °C trocknen. Die Blätter vom Stängel entfernen und zusammen mit Zucker und Wasser in einen Topf geben, aufkochen lassen und auf die gewünschte Konsistenz einkochen. Anschließend durch ein feines Haarsieb streichen und abkühlen lassen.

- Für das Parfait die Joghurtalternative mit dem Rohrohrzucker und dem Waldmeistersirup verrühren. Die Schlagcreme aufschlagen und vorsichtig unter die Joghurtmasse heben.

- Eine Parfaitform mit wenig Öl einstreichen und anschließend mit Frischhaltefolie glatt auslegen. Die Parfaitmasse einfüllen und für mindestens 4 Stunden in den Gefrierschrank geben.

MEIN TIPP

- Der intensive Geschmack von Waldmeister entwickelt sich erst, wenn dieser erhitzt wird. Bei der Joghurtalternative empfehle ich gerne eine aus Soja oder Hafer.

PANCAKES

8 PANCAKES

- 400 g Weizenmehl Type 405
- 1 Pck. Weinsteinbackpulver
- 2 Pck. Bourbon-Vanillezucker
- 2 EL Rohrohrzucker
- 1 Prise Salz
- 1 TL Vanillepuddingpulver
- 250 g Joghurtalternative
- 250 ml Milchalternative

ZUBEREITUNGSZEIT: 25 MINUTEN

ZUBEREITUNG

- Mehl und Weinsteinbackpulver in eine Schüssel sieben. Vanillezucker, Rohrohrzucker, Salz und Vanillepuddingpulver hinzugeben und alles grob vermischen. Nun die flüssigen Zutaten hinzufügen und alles zu einem geschmeidigen und dickflüssigen Teig verrühren.

- Eine antihaftbeschichtete Pfanne erhitzen. Den Teig portionsweise in die Pfanne geben und gegebenenfalls schnell zu einem Kreis ausstreichen. Die Pancakes wenden, sobald der Rand trocken ist und sich kaum noch Bläschen bilden.

MEIN TIPP

- Pancakes schmecken besonders gut mit Ahornsirup, frischen Früchten, Eis, Agavendicksaft oder Marmelade.

ROTE GRÜTZE

mit Vanillesauce

4 PORTIONEN
FÜR DIE ROTE GRÜTZE:

- 400 g gemischte Beeren (Johannisbeeren, Erdbeeren, Himbeeren etc.)
- 200 ml Johannisbeersaft
- 3 EL Rohrohrzucker
- 2 EL Speisestärke

FÜR DIE VANILLESAUCE:

- ½ Vanilleschote
- 500 ml Milchalternative
- 2 EL Rohrohrzucker
- ½ Pck. Vanillepuddingpulver

ZUBEREITUNGSZEIT:
35 MINUTEN + 15 MINUTEN RUHEZEIT

ZUBEREITUNG

- Die Beeren unter fließendem Wasser waschen und die Früchte bei Bedarf putzen oder von den Stielen zupfen. 150 Milliliter Johannisbeersaft in einem Topf aufkochen und den Rohrohrzucker hinzugeben. Die Stärke mit dem restlichen Johannisbeersaft verrühren und die Mischung mit einem Schneebesen in den kochenden Saft einrühren. Alles 1 Minute köcheln lassen, vom Herd ziehen, dann die Beeren dazugeben und abkühlen lassen.

- Für die Vanillesauce die Vanilleschote in der Mitte teilen, das Mark herauskratzen und in die Milchalternative geben. Die Vanilleschotenhälften mit 375 Milliliter Sojadrink und dem Rohrohrzucker aufkochen. In den Rest vom Sojadrink das Puddingpulver rühren. Wenn der Sojadrink kocht, die Vanilleschotenhälften entfernen und die Puddingpulvermischung unter ständigem Rühren in den Topf geben. Die Sauce für 1 Minute köcheln lassen und vom Herd nehmen.

- Die Rote Grütze in Gläser verteilen und die Vanillesauce darübergießen. Gekühlt servieren.

MEIN TIPP

- Dazu passt Schlagcreme mit Zitronensaft und Zitronenzesten aromatisiert.

KIRSCHMICHEL

4 PORTIONEN

- ½ Vanilleschote
- 60 g zimmerwarme Margarine
- 100 g Rohrohrzucker
- 2 EL Speisestärke
- 150 g Grieß
- 250 ml Milchalternative
- 125 g Dinkelmehl Type 630
- 4 gestrichene TL Weinsteinbackpulver
- 500 g Kirschen

ZUBEREITUNGSZEIT: 30 MINUTEN + 40 MINUTEN BACKZEIT

ZUBEREITUNG

- Die Vanilleschote längs halbieren und das Mark herauskratzen. Die Margarine mit Rohrohrzucker, Vanillemark, Speisestärke und Grieß in einer Küchenmaschine oder mit einem Handrührgerät schaumig schlagen. Die Milchalternative dazugeben und zu einer homogenen Masse verrühren. Das Mehl mit dem Weinsteinbackpulver mischen und langsam unter ständigem Rühren unter die Masse ziehen.

- Die Kirschen entsteinen, mit Mehl bestäuben und vorsichtig zur Masse geben.

- Die Masse in eine gefettete Auflaufform füllen und bei 180 °C auf mittlerer Schiene für ca. 40 Minuten im vorgeheizten Umluftofen backen.

MEIN TIPP

- Wenn man die Kirschen vor dem Unterheben mehliert, d. h. mit Mehl bestäubt, sinken sie nicht so schnell auf den Boden ab. Gestiftete oder gehobelte Mandeln, die in einer Pfanne ohne Fett geröstet werden, machen sich sehr gut als Topping.

APFELPFANNKUCHEN

6 PORTIONEN

- 3 Ei-Ersatz
- 250 g Weizenmehl Type 405
- 150 g Rohrohrzucker
- 400 ml Milchalternative
- 2 EL Albaöl
- 3 EL Rapsöl
- 1 Prise Meersalz
- Mark von ½ Vanilleschote
- 1 Apfel
- 40 g gehackte Pistazien
- 1 TL gemahlener Zimt
- 1 Messerspitze Cayennepfeffer
- 1 Messerspitze gemahlener Ingwer

ZUBEREITUNGSZEIT: 15 MINUTEN

ZUBEREITUNG

- Den Ei-Ersatz nach Herstellerangabe vorbereiten. Weizenmehl in eine Rührschüssel sieben und mit dem Ei-Ersatz, 50 Gramm Rohrohrzucker, Milchalternative, Albaöl, 2 Esslöffel Rapsöl, Salz und Vanillemark zu einer homogenen Masse verrühren. Apfel waschen, vom Kerngehäuse befreien und reiben. Mit den Pistazien unter den Pfannkuchenteig mischen.

- Restliches Rapsöl in einer beschichteten Pfanne erhitzen und den Teig darin portionsweise zu 6 Pfannkuchen ausbacken. Dabei nach Belieben noch mit Apfelscheiben belegen. Zimt, restlichen Zucker, Cayennepfeffer und gemahlenen Ingwer mischen und zu den Pfannkuchen reichen.

MEIN TIPP

- Albaöl habe ich 2010 zum ersten Mal kennengelernt. Der intensive Buttergeschmack hat mich auf der Stelle umgehauen. Spritzer davon zu Bratkartoffeln, Buttergemüse oder Saucen zaubern ein Lächeln ins Gesicht. Der hohe Anschaffungspreis sollte nicht abschrecken, da dieses Öl nur gering dosiert genutzt wird und somit sehr ergiebig ist.

QUARKKEULCHEN

mit Stachelbeerkompott

4 PORTIONEN
FÜR DEN TEIG:

- 1 kg mehlig kochende Kartoffeln
- 400 g Quarkalternative oder Skyr Style
- 250 g Weizenmehl Type 405
- 1 gestrichener TL Weinsteinbackpulver
- 2 gehäufte EL Rohrohrzucker
- 1 Prise Salz
- Öl zum Ausbacken

FÜR DAS KOMPOTT:

- 30 ml Wasser
- 100 g Rohrohrzucker
- ½ Zimtstange
- 1 Sternanis
- 500 g Stachelbeeren

ZUBEREITUNGSZEIT: 50 MINUTEN

ZUBEREITUNG

- Die Kartoffeln schälen, klein schneiden und in ungesalzenem Wasser weichkochen. In der Zwischenzeit die restlichen Zutaten (bis auf das Öl zum Ausbacken) in eine Schüssel geben und verrühren. Die heißen Kartoffeln durch eine Kartoffelpresse drücken und sofort mit den anderen Zutaten vermengen.

- So viel Öl in eine Pfanne geben, dass der Boden reichlich bedeckt ist. Aus dem Teig pufferartige Fladen formen und im heißen Öl ausbacken.

- Für das Kompott das Wasser mit Zucker, Zimt und Anis in einem Topf aufkochen und leicht einköcheln lassen, bis es große Blasen wirft. Die gewaschenen Stachelbeeren zum Zuckerwasser geben und für 2 bis 4 Minuten bei schwacher Hitze köcheln lassen. Das Kompott noch warm zu den Quarkkeulchen servieren.

MEIN TIPP

- Dazu passen frische Früchte und Schokospäne. Sollte keine Quarkalternative verfügbar sein, einfach eine Joghurtalternative in ein Käsetuch stürzen (man kann auch ein Sieb mit einem feinen Küchenhandtuch auskleiden) und im Kühlschrank über Nacht abtropfen lassen.

VANILLECREME

mit gezuckertem Pfirsich und Maronenkrokant

4 PORTIONEN

- ½ Vanilleschote
- 200 ml Schlagcreme
- 4 gekochte Maronen
- 2 Pfirsiche
- 50 g Rohrohrzucker
- 50 ml Wasser
- ½ Bioorange

ZUBEREITUNGSZEIT: 70 MINUTEN

ZUBEREITUNG

- Die Vanilleschote der Länge nach halbieren und das Mark herauskratzen. Die Schlagcreme mit dem Vanillemark mischen und aufschlagen. Anschließend die Sahne für 1 Stunde kaltstellen, damit sich der Vanillegeschmack entfalten kann.
- Umluftofen auf 180 °C vorheizen. Die Maronen auf der runden Seite kreuzweise einschneiden. Auf ein Backblech legen und 15 Minuten backen. Abkühlen, schälen und in dünne Scheiben schneiden.
- In der Zwischenzeit die Pfirsiche einritzen, mit kochendem Wasser überbrühen, häuten, halbieren, entkernen und anschließend in feine Filets schneiden. Rohrohrzucker in einem Topf vorsichtig erhitzen, bis er schmilzt und goldbraun karamellisiert. Mit Wasser ablöschen und aufkochen lassen, bis sich der Rohrohrzucker aufgelöst hat. Die Pfirsichfilets im Zuckerwasser 2 Minuten köcheln lassen und anschließend herausnehmen.
- Die Orange heiß waschen, Zesten von der Orange reißen, zum Zuckerwasser geben und weiter einkochen lassen, bis es große Blasen wirft. Jetzt die Maronenscheiben dazugeben und bei geringerer Temperatur karamellisieren lassen. Die Maronenscheiben herausnehmen und auf einer Silikonbackmatte auskühlen lassen.
- Die Creme mit den Pfirsichen und den Maronen auf Tellern anrichten und kalt servieren.

MEIN TIPP

- Statt Pfirsichen kann man auch Apfel- oder Orangenfilets verwenden.

KAFFEECREME

4 PORTIONEN

- 200 ml starker Kaffee oder Espresso
- 175 ml Milchalternative
- 60 g Rohrohrzucker
- 1 Pck. Vanillepuddingpulver
- 1 reife Mango
- etwas Minze
- 200 ml Schlagcreme

ZUBEREITUNGSZEIT: 35 MINUTEN

ZUBEREITUNG

- Kaffee und drei Viertel der Milchalternative gemeinsam mit dem Rohrohrzucker in einem Topf zum Kochen bringen. Den Rest der Milchalternative mit dem Puddingpulver verrühren und mit einem Schneebesen langsam in die kochende Kaffee-Milchalternative rühren. Etwa 1 Minute aufkochen lassen, anschließend vom Herd ziehen und abkühlen lassen.

- In der Zwischenzeit die Mango schälen, das Fruchtfleisch vom Stein und in dünne Scheiben schneiden. Die Minze waschen, in feine Streifen schneiden.

- Sobald die Creme abgekühlt ist, die Schlagreme aufschlagen. Die Creme vorsichtig unter die Hälfte der Sahne heben und in Gläser oder Förmchen abfüllen. Die restliche Sahne auf der Creme verteilen und das Obst mit der Minze vor dem Servieren dekorativ daraufgeben.

PANNA COTTA
mit Erdbeerragout

4 PORTIONEN

- 400 ml Kochcreme
- 50 ml Agavendicksaft
- ½ TL Agar-Agar
- 1 Vanilleschote
- 200 g Erdbeeren
- 2 EL Rohrohrzucker

**ZUBEREITUNGSZEIT:
20 MINUTEN + 4 STUNDEN RUHEZEIT**

ZUBEREITUNG

- Die Kochcreme in einen Topf geben und den Agavendicksaft und das Agar-Agar unterrühren. Die Vanilleschote längs halbieren und das Mark vorsichtig mit dem Messer herauskratzen. Die Schote und das Mark zur Sahne geben und langsam aufkochen. Die Sahne muss mindestens 1 Minute köcheln, damit das Agar-Agar richtig bindet.

- Kleine Förmchen zurechtstellen und mit kaltem Wasser ausspülen. Vanilleschote aus der Panna-Cotta-Masse entfernen und die Masse in die Förmchen füllen und für mindestens 4 Stunden zugedeckt in den Kühlschrank stellen.

- In der Zwischenzeit die Erdbeeren waschen, den Stiel entfernen und die Früchte halbieren oder vierteln. Die Erdbeeren mit Rohrohrzucker süßen und Saft ziehen lassen.

- Die Panna Cotta aus den Förmchen stürzen und mit dem Erdbeerragout anrichten.

WAFFELN

8 PORTIONEN

- 225 g Weizenmehl Type 405
- 300 ml Milchalternative
- 100 g Margarine
- 75 g Rohrohrzucker
- 1 Pck. Bourbon-Vanillezucker
- ½ EL Weinsteinbackpulver
- 1 Prise Salz
- frisches Obst, Eis oder Vanillesauce zum Servieren

ZUBEREITUNGSZEIT: 15 MINUTEN

ZUBEREITUNG

- Mehl, Milchalternative, Margarine, Rohrohrzucker, Vanillezucker, Weinsteinbackpulver und Salz in einer Küchenmaschine zu einem Teig verarbeiten und über Nacht im Kühlschrank ruhen lassen.

- Den Teig in einem Waffeleisen portionsweise 3 bis 4 Minuten ausbacken und mit frischem Obst, Eis oder Vanillesauce servieren.

MEIN TIPP

- Gerade in der Weihnachtszeit sind Waffeln besonders beliebt. Bring ein wenig Pep in die Waffeln, indem du sie mit etwas Zimt oder dem Abrieb von Orangenschalen verfeinerst. Oder du bereitest als Begleiter im Mixer ein schnelles Sorbet aus gefrorenen Früchten, Rohrohrzucker und einem Schuss Kochcreme zu. Den Möglichkeiten sind keine Grenzen gesetzt.

GEBÄCK UND KUCHEN

STRUDEL

mit Rhabarber-Vanille-Grieß

FÜR 1 STRUDEL

- 250 g Rhabarber
- 75 g Rohrohrzucker
- 150 ml Milchalternative
- 75 g Grieß (Weichweizen)
- ½ Vanilleschote
- 75 g Rosinen
- 80 g Filo-/Strudelteig
- Mehl für die Arbeitsfläche
- 2 EL Walnüsse (Bruch)
- 2 EL Albaöl

ZUBEREITUNGSZEIT:
35 MINUTEN +
4 STUNDEN RUHEZEIT +
14 MINUTEN BACKZEIT

ZUBEREITUNG

- Den Rhabarber schälen und in grobe Stücke schneiden, zuckern und mindestens 3 bis 4 Stunden im Kühlschrank ziehen lassen.

- 100 Milliliter vom entstandenen Rhabarbersaft gemeinsam mit der Milchalternative aufkochen. Den Grieß einrühren, die Mischung einkochen und eindicken lassen. Die Vanilleschote glattstreichen, der Länge nach halbieren und das Mark herauskratzen. Dieses zusammen mit den Rhabarberstücken und Rosinen in den warmen Grieß geben und vorsichtig unterrühren. Gegebenenfalls mit etwas Zucker abschmecken.

- Die Strudelblätter auf ein bemehltes Küchentuch legen und die abgekühlte und eingedickte Masse darauf verteilen. Die Walnüsse daraufstreuen und den Strudel nun vorsichtig einrollen.

- Den Strudel mit dem Albaöl bestreichen und für 12 bis 14 Minuten im vorgeheizten Ofen bei 165 °C auf mittlerer Schiene goldgelb backen.

MEIN TIPP

- Ausgekratzte Vanilleschoten nicht wegwerfen; stattdessen kann man sie sehr gut zum Herstellen von natürlichem Vanillezucker verwenden. Einfach Rohrohrzucker mit den leeren Vanilleschoten in einem geschlossenen Glas aufbewahren, und nach 2 Monaten hat man herrlich aromatischen Vanillezucker.

MANGO-BLAUBEER-SCONES

FÜR CA. 8 SCONES

- 2 Ei-Ersatz
- 60 ml Milchalternative
- 1 EL Zitronensaft
- ½ TL Abrieb von 1 Biozitrone
- 325 g Dinkelmehl Type 630
- 100 g Rohrohrzucker
- 1 TL Weinsteinbackpulver
- 1 TL Natron
- ½ TL Salz
- 90 g Margarine
- 100 g Blaubeeren, frisch oder TK
- 100 g getrocknete Mangos
- ½ TL Zimtpulver
- Fett für die Form

ZUBEREITUNGSZEIT:
30 MINUTEN +
20 MINUTEN BACKZEIT

ZUBEREITUNG

- Den Ei-Ersatz nach Herstellerangaben vorbereiten. Die Milchalternative mit dem Zitronensaft und Zitronenabrieb vermischen.

- In einer Rührschüssel das Mehl mit Rohrohrzucker, Weinsteinbackpulver, Natron und Salz mischen und anschließend die Margarine mit einem Holzlöffel oder Küchengerät in die Mehlmischung einarbeiten, bis große Streusel entstehen. Dann den Ei-Ersatz und die Milchalternative dazugeben und leicht und locker verrühren. Zum Schluss vorsichtig die Blaubeeren, die Mangos und den Zimt unterheben. Den Teig flach in eine gefettete runde Form von ca. 20 Zentimeter Durchmesser geben. Dabei schnell und vorsichtig arbeiten, um die Blaubeeren nicht zu beschädigen. Den Teig achteln, indem die Stücke mit einem Messer bereits vorgeschnitten werden.

- Die Scones 18 bis 22 Minuten im auf 200 °C vorgeheizten Backofen auf mittlerer Schiene backen.

MEIN TIPP

- Für ein Zitronen-Frosting 20 Gramm Puderzucker in eine Schüssel geben und langsam 1 Esslöffel Zitronensaft hinzufügen, bis eine cremige und klumpenfreie Masse entsteht. Die Scones mit dem Frosting verzieren.

Gewürzte

KÜRBIS-HAFERFLOCKEN-KEKSE

FÜR 15–20 KEKSE

- 100 g Hokkaidokürbis
- 100 ml Rapsöl
- 50 ml Albaöl
- 130 g Haferflocken
- 10 g frischer Ingwer
- 2 Ei-Ersatz
- 125 g Mehl
- 150 g Rohrohrzucker
- 100 g Kokosraspel
- 3 EL Apfelmus
- 1 TL Zimtpulver

**ZUBEREITUNGSZEIT:
30 MINUTEN +
20 MINUTEN BACKZEIT**

ZUBEREITUNG

- Den Kürbis waschen, von den Kernen befreien und fein raspeln.

- Das Öl in einem Topf erhitzen und die Haferflocken mit dem Kürbis dazugeben. Alles für 2 bis 3 Minuten unter ständigem Rühren andünsten. Den Ingwer von der Schale befreien und gerieben oder in kleine Würfel geschnitten dazugeben. Den Ei-Ersatz nach Anleitung vorbereiten und gemeinsam mit den restlichen Zutaten unter die Masse heben.

- Aus der Masse walnussgroße Kugeln formen, auf ein mit einer Silikonbackmatte ausgelegtes Backblech legen und mit einer Gabel oder der Handfläche flach drücken (ca. 2 Zentimeter).

- Den Umluftofen auf 170 °C vorheizen und die Kekse für 15 bis 20 Minuten auf mittlerer Schiene backen.

MEIN TIPP

- Ich arbeite sehr gerne mit einer Silikonbackmatte, da diese nicht nur Müll vermeidet, sondern auch sehr gut zu reinigen und handzuhaben ist.

KAROTTENKUCHEN

ohne Mehl

FÜR 6 TÖRTCHEN
FÜR DEN TEIG:

- 2 Ei-Ersatz
- 200 g Karotten
- ½ reife Banane
- 200 g gemahlene Mandeln
- 100 g Rohrohrzucker
- 100 g Margarine, zimmerwarm
- 1 TL Abrieb von 1 Biozitrone
- 1 Pck. Weinsteinbackpulver
- 1 Prise Salz
- ½ TL Zimtpulver
- ¼ TL Muskatnuss, frisch gemahlen
- ¼ TL Ingwerpulver
- ¼ TL gemahlener Kardamom

FÜR DEN INGWERKARAMELL:

- 50 g Rohrohrzucker
- 30 ml Wasser
- 10 g frischer Ingwer, gerieben
- 50 ml vegane Sahne

ZUBEREITUNGSZEIT:
40 MINUTEN

ZUBEREITUNG

- Den Ei-Ersatz nach Herstelleranleitung vorbereiten. Die Karotten schälen, putzen und mit einer Reibe grob reiben. Die Banane schälen und in einer Rührschüssel zerdrücken. Banane und Ei-Ersatz mit den restlichen Teigzutaten gründlich mit einem Handrührgerät oder einer Küchenmaschine verrühren. 6 Mulden einer Muffinform fetten oder mit Förmchen auslegen und den Teig einfüllen. Bei 170 °C für ca. 25 Minuten auf mittlerer Schiene im vorgeheizten Ofen backen.

- Für den Ingwerkaramell den Rohrohrzucker, das Wasser und Ingwer in einem Topf erhitzen und auf kleiner Flamme köcheln, bis ein goldgelber Sirup entsteht. Die Sahne untermischen und köcheln lassen bis sich die Zuckerklumpen zu einer Sauce auflösen. Die Sauce zu den Karottenküchlein reichen.

MEIN TIPP

- Solltet Ihr Bio-Karotten nehmen, empfehle ich die Karotten zu waschen und mit Schale zu reiben. Ingwer lässt sich am besten mit einem Löffel schälen. Danach friere ich ihn in einem geschlossenen Glas ein und reibe ihn mit einer Reibe frisch, wenn ich ihn brauche.

MINISCHNECKEN
mit Zimt

FÜR 12 SCHNECKEN

- 600 g süßer Hefeteig (Zubereitung siehe Seite 250)
- 60 g Margarine
- 2 TL Zimtpulver
- 4 EL Rohrohrzucker
- Mehl für die Arbeitsfläche
- 12 Holzspieße

ZUBEREITUNGSZEIT: 40 MINUTEN + 10 MINUTEN BACKZEIT

ZUBEREITUNG

- Den Hefeteig nach Anleitung zubereiten und gehen lassen.
- In der Zwischenzeit die Margarine schmelzen und mit Zimt und Rohrohrzucker mischen.
- Den Teig auf einer bemehlten Fläche auf ca. 40 × 30 Zentimeter Größe ausrollen, mit der Margarine-Zimtzucker-Mischung bestreichen und von der langen Seite her aufrollen. Die Rollen in 2 Zentimeter dicke Scheiben schneiden und diese jeweils auf einen Spieß aufstechen.
- Umluftofen auf 180 °C vorheizen und die Minischnecken auf ein mit einer Silikonbackmatte ausgelegtes Backblech legen. Die Schnecken für 7 bis 10 Minuten im Ofen backen.

MEIN TIPP

- Damit sich die Holzspieße durch die hohe Temperatur nicht verfärben, empfehle ich diese vor der Verwendung für 15 Minuten in Wasser einzuweichen.

ROSINENZOPF

free style

FÜR 1 ZOPF

- 850 g süßer Hefeteig (Zubereitung siehe Seite 250)
- 150 g Rosinen
- 50 g Margarine, zimmerwarm

ZUBEREITUNGSZEIT:
45 MINUTEN +
35 MINUTEN BACKZEIT

ZUBEREITUNG

- Den Hefeteig nach Anleitung zubereiten und gehen lassen. Die Rosinen in den Teig einarbeiten.

- Den Teig dritteln, aus den Stücken drei gleich große Rollen formen und diese zu einem Zopf flechten. Den Zopf auf ein mit einer Silikonbackmatte ausgelegtes Backblech geben und mit der warmen Margarine bestreichen. Den Umluftofen auf 180 °C vorheizen und den Zopf für 30 bis 40 Minuten backen.

MEIN TIPP

- Der Rosinenzopf schmeckt besonders gut frisch und mit Marmelade bestrichen.

ZIMTFOCACCIA

FÜR ½ BLECH

- 5 Blätter Basilikum
- 250 g Dinkelmehl Type 630
- ½ Würfel Hefe (21 g)
- 2 TL Rohrohrzucker
- 100 ml Milchalternative
- 30 ml Rapsöl
- Rohrohrzucker und Zimtpulver zum Bestreichen

ZUBEREITUNGSZEIT:
25 MINUTEN +
2 STUNDEN RUHEZEIT +
15 MINUTEN BACKZEIT

ZUBEREITUNG

- Die Basilikumblätter in feine Stücke zupfen. Das Mehl in eine Schüssel geben und in der Mitte eine Mulde formen. In die Mulde die Hefe und den Rohrohrzucker bröseln und die lauwarm erwärmte Milchalternative dazugeben. Die Hefe 10 Minuten an einem warmen Ort gehen lassen und anschließend den Teig in einer Küchenmaschine kneten, bis dieser homogen und elastisch ist. Nun das Basilikum einarbeiten.

- Den Teig auf ein bemehltes Backblech geben, darauf verteilen und mit einem Tuch abgedeckt für mindestens 2 Stunden gehen lassen. Vorsichtig mit etwas Öl bestreichen und mit den Fingern kleine Mulden in den Teig drücken. In einer kleinen Schüssel Öl, Rohrohrzucker und Zimt mischen. Die Ölmischung auf der Focaccia verteilen und am Ende das Ganze nochmal mit Rohrohrzucker bestreuen.

- Den Umluftofen auf 180 °C vorheizen und die Focaccia für etwa 15 Minuten backen. Warm oder kalt servieren.

MEIN TIPP

- Sollte es kein frisches Basilikum geben, kann ein ungewürztes Basilikumöl oder Pesto genommen werden.

Haselnuss-Kastanien-KUCHEN

FÜR 1 SPRINGFORM (Ø 20 CM)

- 200 g gemahlene Haselnüsse
- 125 g Kastanienmehl
- 100 g Puderzucker
- 2 TL Weinsteinbackpulver
- ½ TL Salz
- 3 EL Apfelmus
- 50 ml Rapsöl
- 200 ml Mineralwasser
- 50 g Rosinen
- 20 g Pinienkerne
- Öl für die Form
- 100 g Zartbitterkuvertüre
- 100 ml Kochcreme

ZUBEREITUNGSZEIT: 20 MINUTEN + 40 MINUTEN BACKZEIT

ZUBEREITUNG

- Gemahlene Haselnüsse, Kastanienmehl, Puderzucker, Weinsteinbackpulver und Salz in einer Schüssel gut vermischen. Dann Apfelmus, Rapsöl und Wasser mischen und unter die trockenen Zutaten rühren. Die Rosinen und Pinienkerne fein hacken und unterheben. Die Springform mit Öl einfetten.

- Den Teig einfüllen und bei 180 °C für 25 Minuten auf mittlerer Schiene im vorgeheizten Umluftofen backen. Dann abgedeckt weitere 15 Minuten backen lassen.

- Für die Schokoladen-Ganache die Zartbitterkuvertüre mit der Margarine schmelzen, abkühlen lassen und dabei immer wieder umrühren. Die Ganache auf dem Kuchen verteilen.

MEIN TIPP

- Der Haselnuss-Kastanien-Kuchen kann mit glasierten Kastanien und gezuckertem Rosmarin dekoriert werden. Dazu etwas braunen Zucker, Zitronensaft und Margarine in einer Pfanne langsam erhitzen und die gegarten Kastanien darin schwenken. Den Rosmarin zupfen und in wenig Walnussöl kross anbraten und dann mit Rohrohrzucker bestreuen. In der Pfanne bei mittlerer Temperatur den Zucker karamellisieren lassen und sofort auf eine Silikonbackmatte geben.

ZEBRAKUCHEN

im Glas

FÜR CA. 6 GLÄSER À 230 ML

- 650 g süßer Rührteig (Zubereitung siehe Seite 254)
- 3 TL Kakaopulver, schwach entölt

ZUBEREITUNGSZEIT:
15 MINUTEN +
25 MINUTEN BACKZEIT

ZUBEREITUNG

- Den Rührteig nach Anleitung zubereiten, halbieren und in 2 Schüsseln geben. Eine Hälfte mit dem Kakaopulver mischen. Die Teige abwechselnd mit einem Esslöffel in die Gläser füllen, bis diese zu ⅔ voll sind.

- Bei 170 °C für 25 bis 30 Minuten in einem vorgeheizten Umluftofen backen, bis der Teig goldbraun ist.

MEIN TIPP:

- Wenn die Kuchen gestürzt werden sollen, dann gerade Gläser verwenden und diese vorher einfetten.

BLÄTTERTEIGMUFFINS

mit Äpfeln und Nüssen

FÜR 6 MUFFINS

- 300 g veganer Blätterteig
- Fett für die Form
- 50 g Mandeln
- 50 g Walnüsse
- 50 g Haselnüsse
- 200 g Äpfel (Boskop)
- 1 EL Rohrohrzucker
- 1 TL Wasser

**ZUBEREITUNGSZEIT:
25 MINUTEN +
12 MINUTEN BACKZEIT**

ZUBEREITUNG

- Umluftofen auf 165 °C vorheizen.

- Den Blätterteig in Vierecke schneiden, die an den Ecken ca. 1 Zentimeter über die Mulde einer Muffinform reichen. Gegebenenfalls mit einem Nudelholz ausrollen. Die Muffinform gründlich einfetten. Nun 2 Teigplatten um 45 Grad versetzt über die Mulde legen und vorsichtig, geht gut mit einem Glas, in die Mulde drücken.

- Die Nüsse im Ganzen auf ein Backblech geben und im Umluftofen für 10 Minuten rösten. Die Äpfel schälen, entkernen und in grobe Würfel schneiden. In einer Antihaft-Pfanne den Rohrohrzucker mit dem Wasser erhitzen und karamellisieren lassen, anschließend die Apfelwürfel dazugeben und auf kleiner Flamme einköcheln lassen. Die gerösteten Nüsse nun grob hacken und zusammen mit den Apfelstücken in die Form füllen.

- Die Muffins in den Ofen geben und ca. 12 Minuten auf mittlerer Schiene backen.

RHABARBERKUCHEN

mit Vanillefüllung und Blätterteiggitter

SPRINGFORM (Ø 28 CM)

- 1 kg Rhabarber
- 50 g Rohrohrzucker
- 150 g Blätterteig

FÜR DEN BODEN:

- 200 g Dinkelmehl Type 630
- 80 g Rohrohrzucker
- ½ Pck. Weinsteinbackpulver
- 1 Prise Salz
- 125 g kalte Margarine

FÜR DIE FÜLLUNG:

- ½ Vanilleschote
- 250 g Milchalternative
- 40 g Rohrohrzucker
- 40 g Speisestärke

ZUBEREITUNGSZEIT:
60 MINUTEN +
30 MINUTEN BACKZEIT

ZUBEREITUNG

- Den Rhabarber gut schälen, in grobe Stücke schneiden und gezuckert über Nacht im Kühlschrank ziehen lassen.

- Für den Boden die Zutaten in einer Schüssel abwiegen und mit einer Küchenmaschine zu einem Teig verrühren. Nicht zu lange rühren, der Teig sollte noch mürbe sein. Für den Kuchenboden den Teig in einer Springform verteilen und leicht andrücken.

- Für die Füllung die halbe Vanilleschote längs halbieren, das Mark herauskratzen und mit der Milchalternative und dem Zucker in einem Topf zum Kochen bringen. Den gezuckerten Rhabarber in einem Sieb abtropfen lassen, den Saft auffangen und 100 Milliliter davon mit der Speisestärke verrühren. Sobald die Milchalternative kocht, den Saft mit der Stärke langsam und unter ständigem Rühren dazugeben. Einmal aufkochen und so lange köcheln lassen, bis die Stärke bindet. Den Topf vom Herd ziehen, den abgetropften Rhabarber unterrühren und abkühlen lassen.

- Den Umluftbackofen auf 170 °C vorheizen und den Boden für 12 Minuten vorbacken. Die Blätterteigplatten mit einem Nudelholz ausrollen, in 1 Zentimeter dicke Streifen schneiden und diese zu einem Rautengitter verflechten.

- Die Rhabarber-Puddingfüllung auf dem Kuchen verteilen und das Blätterteiggitter vorsichtig aufsetzen. Mit dem Nudelholz über den Rand der Kuchenform rollen, damit die überschüssigen Teigreste abfallen. Den Kuchen auf mittlerer Schiene für 30 bis 35 Minuten fertig backen. Vor dem Servieren auskühlen lassen.

Meißner QUARKTORTE

SPRINGFORM (Ø 18 CM)

- 140 g Margarine
- 250 g Puderzucker
- ½ Vanilleschote
- 1 Biozitrone
- 80 g Weichweizengrieß
- 800 g Seidentofu
- 2 Pck. Weinsteinbackpulver
- 1 Prise Salz
- 6 EL Weizenmehl Type 405
- Margarine zum Bestreichen
- 3 EL Puderzucker

**ZUBEREITUNGSZEIT:
20 MINUTEN +
50 MINUTEN BACKZEIT**

ZUBEREITUNG

- Die zimmerwarme Margarine mit dem Puderzucker schaumig schlagen. Die Vanilleschote längs halbieren und das Mark herauskratzen. Zitrone heiß waschen, trocknen, Zesten von der Zitrone reißen, 2 Esslöffel Zitronensaft auspressen. Beides mit Vanillemark, Grieß, Seidentofu, Weinsteinbackpulver, Salz und Mehl zur geschlagenen Margarine geben und verrühren.

- Eine Springform einfetten und die Kuchenmasse hineingeben. Bei 170 °C auf mittlerer Schiene für 50 bis 60 Minuten im vorgeheizten Umluftofen backen.

- Sofort nach dem Backen den Kuchen mit etwas flüssiger Margarine bestreichen und mit Puderzucker bestreuen.

MEIN TIPP

- Mich erreichen immer wieder Fragen zu einzelnen Öfen. Ich musste feststellen, dass die meisten Backöfen, obwohl auf die gleiche Temperatur eingestellt, bis zu 30 °C Unterschied aufweisen. Daher besorg dir am besten ein Ofenthermometer, welches man in den Ofen legen kann, um somit die optimale Temperatur einzustellen.

BUCHWEIZEN-BANANEN-DROPS

FÜR 12 DROPS

- 1 TL gemahlener Leinsamen
- 1 Banane (sehr reif)
- 120 ml Milchalternative
- ½ EL Kakaopulver
- 2 EL Rohrohrzucker
- 120 g Buchweizenmehl
- ½ TL Backpulver
- ¼ TL Salz
- 1 TL Rapsöl
- ½ TL Apfelessig (trüb)
- 1 Prise gemahlener Kardamom
- 1 Prise Chilipulver
- Fett für die Form

ZUBEREITUNGSZEIT:
20 MINUTEN +
20 MINUTEN BACKZEIT

ZUBEREITUNG

- Zuerst den Leinsamen mit 3 Esslöffel Wasser in einer Schüssel mischen und für 10 Minuten quellen lassen.

- In der Zwischenzeit die Banane schälen und mit einer Gabel oder einem Stabmixer fein zerkleinern. Milchalternative, Kakao und Rohrohrzucker in einer Rührschüssel mixen und zusammen mit Banane, Mehl, Backpulver, Salz, Öl, Essig und Leinsaat zu einem homogenen Teig verrühren. Die Hälfte des Teiges mit Kardamom und die andere mit Chili würzen. Den Teig in eine gefettete, backfeste 12-er-Pralinenform oder Minimuffinform füllen.

- Bei 175 °C für ca. 20 Minuten im vorgeheizten Umluftofen backen.

MEIN TIPP

- Da dem Teig der Kleber fehlt, der dafür sorgt, dass der Teig aufgeht, geht dieser nur minimal auf.

GEDECKTER APFELKUCHEN

mit Maronen-Orangen-Sauce

SPRINGFORM (Ø 26 CM)
FÜR DEN KUCHEN:

- 525 g Dinkelmehl Type 1050
- 275 g Margarine
- 120 g Rohrohrzucker
- 1 TL Weinsteinbackpulver
- 1 Prise Salz
- ½ Biozitrone
- 1 kg Äpfel
- Rohrohrzucker
- ¼ TL Zimt
- 1 EL Rum

FÜR DIE MARONEN-ORANGEN-SAUCE:

- 6 Maronen
- 1 Saftorange (unbehandelt)
- 50 ml Wasser
- 50 g Rohrohrzucker
- ½ Zimtstange

ZUBEREITUNGSZEIT:
50 MINUTEN +
50 MINUTEN BACKZEIT

ZUBEREITUNG

- Für den Kuchen einen Mürbeteig aus Dinkelmehl, Margarine, Rohrohrzucker, Weinsteinbackpulver und Salz herstellen und für 30 Minuten in einem Behälter verschlossen in den Kühlschrank legen. Die Zitrone in Scheiben schneiden, in einen großen Behälter geben und mit kaltem Wasser auffüllen. Die Äpfel schälen, entkernen, in Spalten schneiden und ins Zitronenwasser geben.

- Die Springform einfetten. Drei Viertel des Teiges ausrollen und als Boden in die Form geben. Die Äpfel abgießen, mit etwas Rohrohrzucker, Zimt und Rum mischen und auf dem Boden auslegen. Nun den restlichen Teig ausrollen und als Deckel über die Äpfel legen.

- Den Kuchen bei 175 °C auf mittlerer Schiene für 40 bis 45 Minuten in einem vorgeheizten Umluftofen backen. Anschließend nicht sofort herausnehmen, sondern weitere 10 Minuten im ausgeschalteten Ofen lassen.

- Für die Maronen-Orangen-Sauce die Maronen schälen und in einer Pfanne ohne Fett leicht anrösten. Die Orange heiß waschen und trocknen, die Schale abreiben und die Orange schälen und filetieren. Das Wasser mit dem Rohrohrzucker, der Zimtstange und dem Orangenabrieb zum Kochen bringen und anschließend die Orangenfilets und die klein gewürfelten Maronen dazugeben. Zimtstange entfernen, alles fein pürieren und zum Schluss durch ein feines Haarsieb streichen. Die Sauce zum Kuchen reichen.

MEIN TIPP

- Die Zimtstange kann, wie auch Lorbeerblätter, Pimentkörner, Nelken oder Thymian, ein- bis zweimal wiederverwendet werden. Einfach unter klarem Wasser abspülen, trocknen und erneut verwenden.

SCHOKOLADENBROWNIES

1 BLECH

- 500 g Dinkelmehl Type 630
- 350 g Rohrohrzucker
- 170 g Kakaopulver
- 1 Pck. Bourbon-Vanillezucker
- 1 Pck. Weinsteinbackpulver
- 1 Msp. Natron
- 650 ml Milchalternative
- 150 ml Rapsöl
- nach Wunsch Schokoladenkuvertüre, Cranberrys, gehackte Mandeln

ZUBEREITUNGSZEIT:
15 MINUTEN +
17 MINUTEN BACKZEIT

ZUBEREITUNG

- Alle trockenen Zutaten in eine Rührschüssel geben und vermischen. Anschließend die flüssigen Zutaten hinzugeben und alles zu einer homogenen Masse verrühren.

- Den Umluftofen auf 190 °C Umluft vorheizen. Die Browniemasse auf ein gefettetes Blech geben und auf mittlerer Schiene 16 bis 18 Minuten backen.

- Nach Wunsch etwas Kuvertüre mit Kochcreme im Verhältnis 1:1 im Wasserbad schmelzen und den Brownieteig überziehen (schützt auch vor schnellem Austrocknen). Cranberrys und Mandeln ergänzen den Kuvertüreüberzug geschmacklich sehr gut. Vor dem Servieren in Stücke schneiden.

MEIN TIPP

- Raps macht nicht nur im Tank Furore. Raffiniertes Rapsöl ist hoch erhitzbar und eignet sich somit ideal zum Backen. Zudem ist Rapsöl reich an ungesättigten Fettsäuren. Das Verhältnis von Omega-3- und Omega-6-Fettsäuren ist nahezu ideal.

Russischer ZUPFKUCHEN

SPRINGFORM (Ø 18 CM)
FÜR DEN BODEN:

- 180 g Weizenmehl Type 405
- ½ Pck. Weinsteinbackpulver
- 20 g Kakaopulver
- 100 g Rohrohrzucker
- 1 Prise Salz
- 125 g kalte Margarine

FÜR DIE FÜLLUNG:

- 400 g Joghurtalternative
- 100 g Rohrohrzucker
- ¾ Pck. Vanillepudding-pulver
- 100 g Margarine

ZUBEREITUNGSZEIT:
30 MINUTEN +
45 MINUTEN BACKZEIT

ZUBEREITUNG

- Mehl, Weinsteinbackpulver und Kakaopulver in eine Rührschüssel sieben. Rohrohrzucker und Salz hinzugeben. Die kalte Margarine in kleine Stückchen schneiden und alles zu einem mürben Teig verarbeiten.

- Mit drei Viertel des Teiges den Boden und den Rand einer gefetteten Kuchenform auskleiden und diese für mindestens eine halbe Stunde in den Kühlschrank stellen.

- In der Zwischenzeit die Joghurtalternative mit dem Rohrohrzucker und Puddingpulver im Standmixer mischen. Die Margarine schmelzen und lauwarm im Standmixer mit dem Rest mixen. Anschließend auf dem Kuchenboden verteilen.

- Den restlichen Schokoteig in größere Streusel reißen und gleichmäßig auf der Füllung verteilen. Bei 160 °C im vorgeheizten Umluftofen auf mittlerer Schiene für 45 bis 55 Minuten backen.

APFELSTRUDEL

mit Vanillesauce

4 PORTIONEN
FÜR DEN STRUDEL:

- ½ Zitrone
- 500 g Äpfel (z.B. Boskop)
- 35 g Margarine
- 50 g Paniermehl
- 40 g Walnusskerne
- 60 g Rohrohrzucker
- 100 g Rosinen
- ½ Vanilleschote
- ½ TL Zimt
- 350 g Blätterteig
- Margarine zum Bestreichen

FÜR DIE VANILLESAUCE:

- ½ Vanilleschote
- 400 ml Milchalternative
- 30 g Rohrohrzucker
- ½ Pck. Vanillepuddingpulver

ZUBEREITUNGSZEIT:
45 MINUTEN +
45 MINUTEN BACKZEIT

ZUBEREITUNG

- Eine große Schüssel mit Wasser füllen und die in Scheiben geschnittene Zitronenhälfte hineingeben. Die Äpfel schälen, vierteln, vom Kerngehäuse befreien, in Würfel schneiden und sofort in das Zitronenwasser geben.

- Margarine in einen Topf geben, erhitzen und die Hälfte des Paniermehls darin anrösten. Sobald das Paniermehl Farbe annimmt, die Apfelwürfel dazugeben und mit anschwitzen. Die Walnüsse grob hacken und zusammen mit dem Rohrohrzucker und den Rosinen in den Topf geben. Alles für ca. 2 Minuten leicht einkochen und vom Herd ziehen. Die halbe Vanilleschote längs teilen und mit einem kleinen Messer das Mark herauskratzen. Die Apfelmischung mit Vanillemark und Zimt abschmecken.

- Den Blätterteig auf einem bemehlten Küchenhandtuch ausrollen und die Apfelmasse der Länge nach auf einem Viertel des Teiges verteilen. Vorsichtig unter Zuhilfenahme des Küchenhandtuchs den Strudel einrollen, mit etwas zerlassener Margarine bestreichen und mit dem restlichen Paniermehl bestreuen.

- Den Umluftofen auf 170 °C vorheizen und den Strudel auf mittlerer Schiene ca. 45 Minuten goldbraun backen.

- Für die Vanillesauce die halbe Vanilleschote auskratzen und samt Schote in 300 Milliliter Milchalternative mit dem Rohrohrzucker zum Kochen bringen. Das Puddingpulver mit den restlichen 100 Milliliter Milchalternative verrühren und unter ständigem Rühren langsam in die kochende Milchalternative geben, bis die Masse bindet. Abkühlen lassen. Sollte die Sauce zu dick sein, einfach etwas Kochcreme oder Milchalternative unterrühren.

MEIN TIPP

- Der Strudel schmeckt am besten warm mit Früchten.

MARZIPAN-SCHOKO-NOCKEN

FÜR 15–20 NOCKEN

- 200 g gemahlene Mandeln
- 100 g Puderzucker
- 1 TL Natron
- 100 g Marzipan
- 50 g Zartbitterkuvertüre
- 1 TL Abrieb von 1 Bioorange
- 75 ml Milchalternative

ZUBEREITUNGSZEIT:
20 MINUTEN +
15 MINUTEN BACKZEIT

ZUBEREITUNG

- Die gemahlenen Mandeln mit dem Puderzucker und Natron in einer Schüssel mischen. Den Marzipan in kleine Flocken reißen und mit den Fingern in das Gemisch einarbeiten. Die Kuvertüre mit einem Messer sehr fein hacken und zusammen mit dem Orangenabrieb unter die Masse mischen. Zum Schluss die Milchalternative einarbeiten, bis ein feuchter Teig entsteht.
- Mit zwei Esslöffeln Nocken formen und diese auf ein mit einer Silikonbackmatte ausgelegtes Backblech geben.
- Die Nocken im vorgeheizten Umluftbackofen bei 180 °C auf mittlerer Schiene für ca. 15 Minuten backen.

MEIN TIPP

- Die Esslöffel beim Formen der Nocken immer wieder in Wasser tauchen, damit sich der Teig besser vom Löffel löst.

PFIRSICHTARTES

mit Walnusscreme

6 PORTIONEN
FÜR DIE PFIRSICHE:

- 6 Pfirsiche
- 50 g Rohrohrzucker
- 50 ml Wasser

FÜR DEN TEIG:

- 175 g Dinkelmehl Type 630
- 50 g Rohrohrzucker
- 120 g Margarine
- ½ TL Weinsteinbackpulver

FÜR DIE CREME:

- 200 ml Milchalternative
- 2 EL Rohrohrzucker
- 1 EL Speisestärke
- 100 g gemahlene Walnüsse
- 75 g Margarine

ZUBEREITUNGSZEIT:
60 MINUTEN

ZUBEREITUNG

- Die Pfirsiche einritzen, mit kochendem Wasser überbrühen, häuten, halbieren, entkernen und anschließend in feine Filets schneiden. Zucker mit dem Wasser aufkochen, vom Herd nehmen, die Pfirsichfilets in das Zuckerwasser geben und darin gar ziehen lassen.

- Die Zutaten für den Teig verrühren, auf 6 kleine Backförmchen verteilen und für 10 Minuten im vorgeheizten Umluftofen bei 180 °C auf mittlerer Schiene blind ausbacken.

- Für die Creme 150 Milliliter Milchalternative mit dem Zucker aufkochen. Die restliche Milchalternative mit der Stärke verrühren und unter ständigem Rühren zur kochenden Milchalternative geben. 1 Minute köcheln lassen und anschließend die gemahlenen Walnüsse unterrühren.

- In einer Küchenmaschine oder mit einem Handrührgerät die zimmerwarme Margarine schaumig schlagen und die Crememasse, sobald diese erkaltet ist, unterheben.

- Die abgekühlten Böden aus den Formen nehmen und die Creme auf den Kuchenböden verteilen. Abschließend mit den abgetropften Pfirsichfilets belegen und dekorieren.

MEIN TIPP

- Zum Blindbacken den Teig in den Formen mit einer Gabel mehrfach durchstechen, ein Stück Backpapier auf den Teig legen und Hülsenfrüchte zum Beschweren darauf verteilen. Dadurch bleibt der Boden schön flach und der Rand wird stabilisiert. Nach dem Backen Hülsenfrüchte und Backpapier entfernen und wie im Rezept beschrieben weiter verfahren.

ORANGENSCHNITTEN

10 PORTIONEN
FÜR DEN BISKUIT:

- ½ Vanilleschote
- 340 g Weizenmehl Type 405
- 2 EL Weinsteinbackpulver
- 1 Msp. Natron
- 260 g Rohrohrzucker
- 375 ml Wasser mit Kohlensäure
- 60 g neutrales Öl

FÜR DIE CREME:

- 2 ½ gestrichene TL Agar-Agar
- 500 ml frisch gepresster Orangensaft
- 2 TL Orangenzesten
- 500 g Schlagcreme
- 500 g Joghurtalternative (zimmerwarm)

ZUBEREITUNGSZEIT: 55 MINUTEN

ZUBEREITUNG

- Für den Biskuit die Vanilleschote längs halbieren, das Mark herauskratzen und in eine Schüssel geben. Mehl, Weinsteinbackpulver, Natron und Zucker hinzufügen und vermischen. Abschließend das Wasser und das Öl dazugeben, alles zu einem homogenen Teig verrühren, auf ein mit einer Silikonbackmatte ausgelegtes Backblech streichen und in einem vorgeheizten Backofen ohne Umluft bei 160 °C für 20–25 Minuten backen.

- Den Biskuit aus dem Ofen nehmen und völlig abkühlen lassen, bevor er weiterverwendet wird.

- Für die Creme das Agar-Agar in den Orangensaft rühren, mit den Zesten aufkochen, 2 Minuten köcheln und anschließend auf 50 bis 60 °C abkühlen lassen. Es darf noch nicht gelieren, da es sonst klumpig wird.

- Die Sojasahne steif schlagen. Den abgekühlten Orangensaft unter die Joghurtalternative rühren und sofort unter die Sahne heben.

- Die Orangencreme auf den Biskuitboden streichen und im Kühlschrank mindestens 2 Stunden auskühlen lassen.

MEIN TIPP

- Die Schalen von Bioorangen sind vielseitig nutzbar und verfeinern durch ihr herrliches Aroma viele Speisen, insbesondere Desserts. Wichtig ist dabei, dass nur das orangefarbene Äußere der Schale genutzt wird, da das Weiße extrem bitter ist und die Speisen ruinieren kann.

SÜSSER HEFETEIG

FÜR CA. 850 G

- 1 Würfel frische Hefe (42 g)
- 250 ml Wasser oder Milchalternative, lauwarm
- 75 g Rohrohrzucker
- 500 g Dinkelmehl Type 630
- 1 Prise Salz
- 1 EL Rapsöl

ZUBEREITUNGSZEIT: 45 MINUTEN

ZUBEREITUNG

- Die Hefe in eine Schüssel bröseln, warmes Wasser oder Milchalternative und 1 Esslöffel Rohrohrzucker dazugeben und ca. 10 Minuten an einem warmen Ort gehen lassen.

- Das Dinkelmehl sieben und mit dem restlichen Rohrohrzucker, dem Salz und dem Öl in die Schüssel geben. Alles mehrere Minuten auf langsamer Stufe kneten, idealerweise in einer Küchenmaschine, bis ein geschmeidiger, homogener Teig entsteht, der sich vom Rand der Schüssel löst.

- Den Teig mit einem Tuch abgedeckt an einem warmen Ort für mindestens 30 Minuten gehen lassen, bis er mindestens das doppelte Volumen erreicht hat.

MEIN TIPP

- Milchalternativen für dieses Rezept können je nach Geschmack und Vorliebe aus Hafer, Soja, Mandeln oder Erbsen hergestellt sein.

KitchenAid

HERZHAFTER HEFETEIG

FÜR CA. 1150 G

- 125 g mehligkochende Kartoffeln
- Salz
- 120 g Margarine, zimmerwarm
- ½ Würfel frische Hefe (21 g)
- 250 ml Wasser oder Milchalternative, lauwarm
- 1 Prise Rohrohrzucker
- 650 g Dinkelmehl Type 630

ZUBEREITUNGSZEIT: 70 MINUTEN

ZUBEREITUNG

- Die Kartoffeln schälen, in kleine Stücke schneiden, in leicht gesalzenem Wasser weichkochen und abgießen. Dann durch eine Kartoffelpresse drücken. Die Margarine zu den Kartoffeln geben und alles gut vermischen.

- Die Hefe in eine große Schüssel bröseln, warmes Wasser oder Milchalternative und den Rohrohrzucker dazugeben und ca. 10 Minuten gehen lassen. Anschließend das Mehl mit 1 gehäuften Teelöffel Salz und der Kartoffelmischung in die Schüssel geben. Alles mehrere Minuten auf langsamer Stufe kneten, idealerweise in einer Küchenmaschine, bis ein geschmeidiger, homogener Teig entsteht, der sich vom Rand der Schüssel löst.

- Den Teig mit einem Tuch abgedeckt an einem warmen Ort für mindestens 30 Minuten gehen lassen, bis er mindestens das doppelte Volumen erreicht hat.

MEIN TIPP

- Es können auch Kartoffeln vom Vortag genommen werden. Übrigens kann frische Hefe luftdicht verpackt bis zu einem Jahr im Gefrierschrank gelagert werden.

SÜSSER RÜHRTEIG

FÜR CA. 950 G

- 1 Vanilleschote
- 300 g Dinkelmehl Type 630
- ½ EL Abrieb von 1 Bio-zitrone
- 20 g Speisestärke
- 1 Pck. Weinsteinbackpulver
- 90 g Rohrohrzucker
- 125 g Margarine, zimmerwarm
- 300 ml Milchalternative
- 75 ml Wasser mit Kohlensäure

ZUBEREITUNGSZEIT: 10 MINUTEN

ZUBEREITUNG

- Die Vanilleschote glattstreichen, der Länge nach halbieren und das Mark herauskratzen.
- Das Vanillemark mit dem Mehl, dem Zitronenabrieb, der Speisestärke, dem Weinsteinpulver und dem Rohrohrzucker in eine Rührschüssel geben. Alles durchmischen und anschließend Margarine, Milchalternative sowie das Wasser dazugeben und alles zu einem glatten Teig verrühren, idealerweise in einer Küchenmaschine. Der Teig sollte elastisch und zäh sein.

MEIN TIPP

- Die ausgekratzte Vanilleschote für mindestens zwei Wochen in ein geschlossenes Glas mit Rohrohrzucker geben, um natürlichen Vanillezucker herzustellen.

BIOVEGAN
Backpulver
500 cm³ ml
400
300
200
½ l

Ultra Power

500 cm³
ml
400
Ultra Power

HERZHAFTER RÜHRTEIG

FÜR CA. 850 G

- 300 g Dinkelmehl Type 630
- 1 Pck. Weinsteinbackpulver
- 20 g Speisestärke
- 1 Ei-Ersatz
- 125 g Margarine, zimmerwarm
- 300 ml Milchalternative
- 75 ml Wasser mit Kohlensäure
- ½ TL Salz

ZUBEREITUNGSZEIT: 10 MINUTEN

ZUBEREITUNG

- Das Dinkelmehl mit dem Weinsteinbackpulver und der Speisestärke in einer Rührschüssel mischen.

- Den Ei-Ersatz mit Margarine, Milchalternative, kohlensäurehaltigem Wasser und Salz in die Schüssel geben. Alles zu einem glatten Teig verrühren, idealerweise in einer Küchenmaschine. Der Teig sollte elastisch und zäh sein.

MEIN TIPP

- Weinsteinbackpulver wird aus natürlicher Weinsteinsäure hergestellt und hat für mich einen viel besseren Geschmack bzw. ein besseres Mundgefühl als klassisches Backpulver.

SÜSSER MÜRBETEIG

FÜR CA. 900 G

- 520 g Dinkelmehl Type 630
- 120 g Rohrohrzucker
- 1 TL Weinsteinbackpulver
- 1 Prise Salz
- 270 g Margarine, kalt

ZUBEREITUNGSZEIT:
10 MINUTEN

ZUBEREITUNG

- In einer Schüssel das Mehl mit Rohrohrzucker, Weinsteinbackpulver und Salz gründlich vermischen. Die kalte Margarine in kleine Würfel schneiden.

- Um einen Teig mürbe zu halten, muss dieser ohne viel Kneten hergestellt werden. Deshalb die Margarinewürfel am besten mit einem Holzlöffel oder einer Küchenmaschine unter die Mehlmischung arbeiten (die Wärme der Hände würde die Margarine weich und flüssig machen).

- Wenn die gesamte Margarine untergearbeitet ist, den Teig für mindestens 1 Stunde in einem verschlossenen Behälter kühl stellen.

MEIN TIPP

- Die Vorteile des Urgetreides Dinkel liegen klar auf der Hand. Er hält den Blutzucker vergleichsweise konstant, sorgt für ein langanhaltendes Sättigungsgefühl und enthält die Aminosäure Tryptophan, aus der im Gehirn Serotonin, ein Glückshormon, gebildet wird.

ZUCCHERO
SUGAR

BIOVEGAN
Backpulver
mit Reinweinstein
Extra triebstark!

HERZHAFTER MÜRBETEIG

FÜR CA. 500 G

- 500 g Dinkelmehl Type 630
- 1 Pck. Weinsteinbackpulver
- 1 TL Salz
- 250 g Margarine, kalt

**ZUBEREITUNGSZEIT:
10 MINUTEN**

ZUBEREITUNG

- In einer Schüssel das Dinkelmehl mit Weinsteinbackpulver und Salz gründlich vermischen. Die kalte Margarine in kleine Würfel schneiden.
- Um einen Teig mürbe zu halten, muss dieser ohne viel Kneten hergestellt werden. Die Margarinewürfel am besten mit einem Holzlöffel oder einer Küchenmaschine unter die Mehlmischung arbeiten (die Wärme der Hände würde die Margarine weich und flüssig machen).
- Wenn die gesamte Margarine untergearbeitet ist, den Teig für mindestens 1 Stunde in einem verschlossenen Behälter kühl stellen.

BISKUITTEIG

FÜR CA. 1050 G

- ½ Vanilleschote
- 340 g Weizenmehl Type 405
- 2 EL Weinsteinbackpulver
- 260 g Rohrohrzucker
- ½ EL Abrieb von 1 Biozitrone
- 40 ml Rapsöl
- 20 ml Albaöl
- 375 ml Wasser mit Kohlensäure

ZUBEREITUNGSZEIT: 15 MINUTEN

ZUBEREITUNG

- Aus der halben Vanilleschote das Mark herauskratzen.

- Das Vanillemark mit Mehl, Weinsteinpulver und Rohrohrzucker in eine Rührschüssel geben. Alles durchmischen und anschließend den Zitronenabrieb, das Raps- und Albaöl und das Wasser dazugeben und alles zu einem glatten Teig verrühren. Der Teig sollte elastisch und zäh sein.

MEIN TIPP

- Albaöl ist ein Rapsöl mit einer feinen Butternote. Es dient hauptsächlich dem Geschmack und kann auch zum Kochen und Braten genutzt werden.

Aid

GEMÜSEFOND

FÜR CA. 400 ML

- 1 Zwiebel
- 10 g Kombualge
- 1 Karotte
- 100 g Knollensellerie
- ½ Lauchstange
- 3 Wacholderbeeren
- 1 Lorbeerblatt
- 1 Nelke
- 5 schwarze Pfefferkörner
- Salz

ZUBEREITUNGSZEIT:
30 MINUTEN + ABKÜHLZEIT

ZUBEREITUNG

- Einen Topf auf dem Herd erhitzen. Die Zwiebel in der Mitte teilen und mit den Schnittflächen in den Topf geben. Die Zwiebelhälften bei mittlerer Hitze dunkelbraun rösten und mit 500 Milliliter kaltem Wasser aufgießen.

- Die Alge, das geputzte und klein geschnittene Gemüse mit den Gewürzen in das Wasser geben und zusammen langsam zum leichten Köcheln bringen. Den Fond ca. 5 Minuten köcheln und anschließend abkühlen lassen oder weiterverarbeiten. Mit Salz nach Belieben würzen.

MEIN TIPP

- Ich mache meinen Fond immer am Abend, da ich ihn nach dem Kochen mit dem Gemüse über Nacht abkühlen lassen kann, um so den vollen Geschmack zu bekommen. Es gibt zahlreiche Variationsmöglichkeiten bezüglich des Gemüses oder der Gewürze. Karotten machen beispielsweise den Fond lieblicher oder die Nelken geben ein orientalisches Aroma. Die Kombualge verleiht dem Fond einen Umami-Kick, da sie reich an natürlicher Glutaminsäure ist.

MAYONNAISE

ZUTATEN

- 100 ml Sojadrink (ungesüßt)
- ½ TL Senf
- 1 EL Aceto balsamico bianco
- 200-300 ml neutrales Rapsöl
- Salz
- Pfeffer

ZUBEREITUNGSZEIT: 5 MINUTEN

ZUBEREITUNG

- Den Sojadrink mit Senf und Balsamico in einen hohen und schmalen Mixbehälter geben. Mit einem Stand- oder Stabmixer auf maximaler Leistung mixen.

- Unter ständigem Rühren das Öl langsam hinzugeben, bis die Masse die Konsistenz von Mayonnaise hat. Je höher die Leistung des Gerätes, desto weniger Öl wird benötigt. Mit den restlichen Zutaten abschmecken.

MEIN TIPP

- Mayonnaise ist eines der einfachsten, aber auch überzeugendsten Produkte in der veganen Küche. Die Grundzutaten sind Sojadrink und neutrales Pflanzenöl. Der Emulgator Lecithin, welcher bei der ursprünglichen Mayonnaise im Ei enthalten ist, wird durch Soja-Lecithin im Sojadrink ersetzt. Eine genaue Mengenangabe ist bei diesem Rezept nicht möglich, da die Mengen von den Küchengeräten und deren Leistung abhängen. Die Mayonnaise ist im Kühlschrank mindestens eine Woche haltbar und kann als Grundlage für Dips, Remouladen und Saucen genutzt werden.

REGISTER

BJÖRN MOSCHINSKI: DEUTSCHLANDS WEGBEREITER EINER PFLANZLICHEN ESSKULTUR

Björn Moschinski ist aus Deutschlands veganer Kulinarik-Szene nicht mehr wegzudenken. Seit 2010 verzaubert der vegane Head Chef sein Publikum mit allem, was die rein pflanzliche Kochkunst zu bieten hat. Ob als Küchenchef im eigenen Restaurant, zu Gast in TV-Shows oder als Kochbuchautor – Björn Moschinski teilt Wissen und Kochskills mit allen, die Neugierde im Herzen tragen. Mit seinen professionellen Seminaren und Schulungen geht Björn Moschinski auch auf die Bedürfnisse und Anliegen von unternehmensgeführten Großküchen und Gastronomiebetreiber:innen ein, die vegane Gerichte in ihr Angebot integrieren wollen. Und auch als Keynote Speaker treffen wir ihn, wenn er auf Veranstaltungsbühnen über seine Herzensangelegenheit spricht: Die Vorzüge der veganen Ernährung auf individueller sowie gesellschaftlicher und ökologischer Ebene. Gänzlich undogmatisch, dafür mit viel Charme und Lockerheit tritt er seinen Zuhörer:innen entgegen, fühlt sich in sie ein, teilt neben fachkundigem Wissen seine Begeisterung sowie ethische Überlegungen. Denn auch heute fühlt sich Björn Moschinski dem Tierwohl verpflichtet und engagiert sich deshalb mit seinem Namen für die Tierrechtsarbeit.

Aktuell arbeitet Björn Moschinski vor allem als Coach und Berater. Seine Restaurants hat er abgegeben und konzentriert sich voll und ganz darauf, sein Wissen und seine Erfahrungswerte an gastronomische Einrichtungen weiterzugeben. Ganz gleich mit welchen Fragen und Wünschen Unternehmen und Gastronom:innen zu ihm kommen, Björn Moschinski schneidert seine professionellen Gastronomie-Schulungen ganz auf die individuellen Anforderungen seines Gegenübers zu. Dabei klärt er über die Bandbreite der pflanzenbasierten Produkte und ihre Bezugsquellen auf, spricht über eine erfolgreiche Außenkommunikation, erweitert Kochskills und vieles mehr.

DANKSAGUNG

Zurückblickend war die letzte Zeit eine große Herausforderung für alle von uns. Veränderungen, die alte und gängige Strukturen zum Einstürzen bringen konnten, jedoch auch viele Chancen und Möglichkeiten boten. Auf jeden Fall hatten wir viel Zeit, uns mit uns selbst und unserer Mitwelt auseinanderzusetzen. Ich habe diese Zeit sehr genossen. Sie war eine klare Herausforderung, da mein gesamtes Businesskonzept auf die Schulung der Gastronomie, dem Kochen und Keynotes auf Messen und Veranstaltungen aufgebaut war und somit auch in den Lockdown gezwungen wurde.

Sehr spannend zu sehen und zu spüren, was mit einem Selbst passiert, ich bin in der Situation auch sehr dankbar dafür, die Kraft und Möglichkeiten zu besitzen, mich selbst zu reflektieren und die Situation so anzunehmen, wie sie ist. Natürlich ist dies eine Eigenschaft, welche ich durch meine liebevolle Familie, aber auch meine Wegbegleiter in den letzten vier Jahrzehnten erlernen durfte. Daher gilt der größte Dank meiner wundervollen und talentierten Frau Alena sowie meinen Eltern und meiner Schwester.

Aber auch die Menschen in meinem nahen Umfeld waren und sind ein Fels in meiner Brandung. Eine Freundschaft mache ich nicht an der Quantität, sondern an der Qualität fest. Auch schätze ich Begegnungen, welche sich anfühlen, als ob es gestern erst gewesen wäre, wir uns aber in Wahrheit vor Monaten das letzte Mal gesprochen hatten. Ich bin überaus dankbar, solch wundervolle Menschen an meiner Seite zu wissen, und bin gespannt, wer in Zukunft meinen Weg kreuzt und ihn mit mir teilt.

Roberto, Petra, Natalie & Ronald, Nicole, Stefan, Ibo, Saliha, Timo, Markus, Uwe, Can, Marco & Ani, Oli & Babera, Nico, Mareike, Michael, Mia, Eva, Alisa & Jorge, Sascha, Marie, Susan, Lore, Oliver, Herbert, Andi, Patrick & Alex, Ronald, Friedrich, Andreas, Provamel, Südwest Verlag

Vielen Dank für euer Vertrauen, eure Liebe und Unterstützung.

Euer Björn

IMPRESSUM

1. Auflage 2023

Hinweis: Die Ratschläge/Informationen in diesem Buch sind von Autor und Verlag sorgfältig erwogen und geprüft, dennoch kann eine Garantie nicht übernommen werden. Eine Haftung des Autors bzw. des Verlags und seiner Beauftragten für Personen-, Sach- und Vermögensschäden ist ausgeschlossen.

Bildnachweis:
Coverfoto: Nadja Klier www.nadjaklier.de
Foodfotos: Florian Bolk www.bolkfotografie.com
Peoplefotos: Stefan Nagott www.stefannagott.com

Projektleitung: Eva Wagner
Cover, Layout, DTP, Satz: OH, JA! (www.oh-ja.com)

Korrektorat: Barbara Kohl, Fürth
Reproduktion: Regg Media GmbH, München
Druck und Bindung: Firmengruppe APPL, Wemding

Printed in Germany

MIX
Papier | Fördert gute Waldnutzung
FSC® C004592

Penguin Random House Verlagsgruppe FSC ® N001967

ISBN 978-3-517-10228-3

www.suedwest-verlag.de